영도가 좋다

해양수도 부산의 중심 영도 이야기

영도가 좋다

박성윤 지음

모아북스
MOABOOKS

포토 에세이

내가 사랑하는 영도!

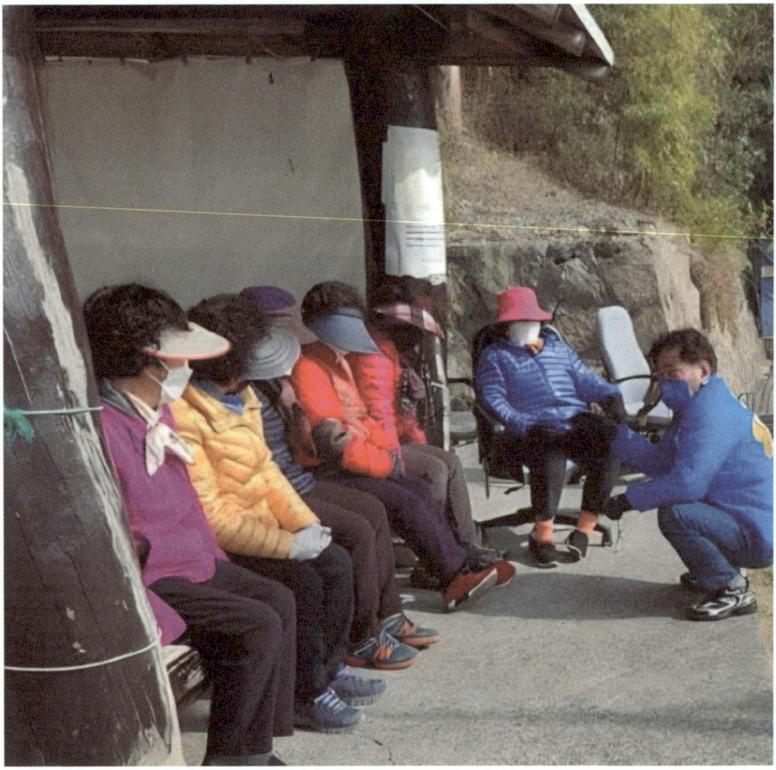

"사람 사는 세상, 주민이 행복한 영도"

국민이 주인인 나라, 국민주권 정치

"사람 사는 세상, 더불어 행복한 나라,
이제 이재명 대통령과 함께 갑니다."

주민이 행복한 영도

"공원 세면대 설치 하나부터
주민이 행복한 영도,
생활정치의 달인 박성윤이 함께합니다."

맡겨보니 진짜 일꾼

"말로만 떠드는 정치가 아니라 발로 뛰는
현장 정치로 구민이 행복하고 내일이 더 나은
영도를 만듭니다."

의열 정신으로 하는 정치

"박성윤 정치의 뿌리는 단호하고 공정하고
투명한 김원봉 장군의 의열 정신에
닿아 있습니다."

당당하고 주체적인 국민주권 국가

"박성윤의 사명은 공정하지 못한 정치,
정의롭지 못한 정치와 싸워 정치의 본연을
회복하는 일입니다."

언제 어디서든 불의에 맞서
싸우는 정치

"이재명을 제거하려는 저들의 집요한 공작에
맞서 치열하게 싸워 마침내 이겼습니다."

어떤 두려움도 말리지 못하는
소신의 정치

"2009년 5월, 영도에 분향소를 차려
부산시민과 함께 고 노무현 전 대통령을
추모하고 그 뜻을 기렸습니다."

나는 영도가
억수로 좋습니다

영도가 발전하고 영도구민이 행복해지는 길을 찾을 것입니다. 없다면 그 길을 새로 내겠습니다.

영도를 사랑하는 마음으로 이런 다짐을 담아 책을 냅니다. 변변치 않은 책을 만들어 세상에 보이려 하니 부끄러움이 앞섭니다. 부족하지만, 평소 생각하고 행동했던 삶의 부분을 글로 옮겨서 공유하면서 함께하는 세상에 동행하고자 합니다.

영도 사람 대다수가 영도에 대해 비관적인 생각을 갖고 있습니다. 실제로 영도는 재정자립도도 부산에서 꼴찌라 그 형편이 말이 아닙니다. 또 유일하게 지하철도 다니지 않는 구라서 역세권의 혜택은 고사하고 추가 교통비에 시간까지 더 소모되는 힘겹게 살아가는 영도입니다.

그에 더하여 영도 땅 한복판은 부산 외곽순환도로인 고가도로가

지나가고, 영도 바다 한가운데는 부산 연안에서 가져다 버린 온갖 폐선들이 가득합니다. 이렇게 영도는 부산을 위한 소모성 섬으로 변해버렸습니다.

미래 비전이 잘 보이지 않은 영도. 그래도 어떻게든 길을 찾아야 하고, 길이 없다면 새로 만들어야 합니다.

지금까지 영도의 역대 구청장과 국회의원들은 중앙정부나 부산시로부터 수백, 수천억의 보조금이나 지원금을 받았다면서 한 달이 멀다 하고 플래카드를 내걸어 자랑하기 바쁩니다.

그런데 말입니다. 그 많은 자본이 투입되었다는데 왜 우리 영도는 살기가 더 팍팍해지고 있을까요?

바로 잿밥에 눈먼 정치인이 많기 때문입니다. 자본이 투입되면 그 효과성을 검증하고 사후 관리가 제대로 되어야 하는데, '이게 웬 떡이냐' 하면서 그저 나눠 먹기 바쁩니다. 오죽하면 업자들 사이에서 '영도에서 사업하기와 돈 빼먹기가 가장 쉽다'는 말이 나올까요. 이게 다른 구와 완연히 다른 점입니다. 영도구 정치인들의 구태의연한 정치와 행정이 빚은 불행입니다.

천혜의 섬 영도에는 그에 걸맞도록 때 묻지 않은 지도자, 길을 찾을 수 있고 없다면 만들 수 있는 지도력이 필요합니다.

영도 사람 대다수가 박성윤이라면 불의와 타협할 줄 모르는 원칙주의자, 어떤 난관에도 굴하지 않는 강력한 추진력의 정치인으로 알아줍니다. 이는 아마도 젊은 시절, 대한민국의 안보를 지키기 위하여 특임부대 요원을 자원하여 헌신한 영향이 크지 싶습니다. 서해 백령도와 망망대해를 헤집고 다닌 청년 시절에 정의와 의리 그리고 동료애로 단련된 사람이라는 인식이 각인되어 정치인으로서도 저를 믿고 지지해 주신다고 생각합니다.

나는 영도가 억수로 좋습니다. 그래서 이제 영도에서 그 길을 찾고 만들겠습니다. 박성윤과 함께하면 영도는 분명히 나날이 좋아질 것입니다.

이 책이 나오기까지 수고하고 도움을 준 모든 분에게 감사합니다.

2026년 새해 벽두에, 영도에서
박성윤

차례

영도를 사랑하는 마음, 이재명을 지지하는 마음

나는 영도의 가능성을 믿습니다

＊ ＊ ＊

백 년 세월을 묵묵히 지켜온 청학성당, 신앙과 공동체의 중심이 되어온 제일영도교회 그리고 수많은 아이의 꿈과 희망을 키워온 영도초등학교.

100년이 넘도록 빛을 밝힌 영도 등대 (출처 : 영도구청 관광과)

이곳들은 단순한 공간이 아닙니다. 영도의 삶이고, 이곳 사람들의 터전이며, 세대를 이어온 역사의 한 페이지입니다. 이런 영도를 어찌 좋아하지 않을 수 있을까요.

나는 이 소중한 역사 위에 또 다른 백 년의 영도를 써 내려가고자 합니다. 사람이 중심이 되고, 기억이 존중받는 영도. 그래서 저는 오늘도 말합니다. 영도가 좋습니다. 말로만 전해지는 이야기가 아니라, 우리 삶 속에 살아 숨 쉬는 이야기입니다.

영도다리에는 이별과 만남을 수없이 지켜본 시간이 흐릅니다. 태종대에는 거친 바다를 온몸으로 버텨온 영도의 기상이 담겼습니다. 국립해양박물관에는 해양수도 부산의 미래와 우리 아이들이 꿈꿔야 할 내일이 있습니다.

영도 흰여울 마을 (출처 : 영도구청 관광과)

흰여울마을에는 힘겨운 시절에도 서로 기대며 살아온 사람 냄새 나는 삶의 흔적이 남았습니다. 그리고 봉래산은 그 모든 세월을 말 없이 내려다보며 영도를 품어온 우리 모두의 어머니입니다.

이렇게 자랑스러운 영도지만, 지금의 현실은 어떻습니까. 원도심이라는 이유로, 섬이라는 이유로 수많은 기회에서 뒤로 밀려나지는 않았습니까.

저는 이 영도에서 자랐고, 이 영도에서 배우고, 이 영도에서 사람들을 만나며 살아왔습니다. 그래서 누구보다 영도의 아픔을 잘 알고, 영도의 가능성을 믿습니다.

이제는 바뀌어야 합니다. 지켜내는 영도를 넘어 도약하는 영도로 가야 합니다. 역사는 관광이 되고, 자연은 산업이 되며, 사람의 삶은 정책이 되는 그런 영도를 만들어야 합니다.

영도다리의 상징성은 세계로, 태종대의 자연은 더 많은 일자리로, 해양박물관의 미래는 청년의 희망으로, 흰여울마을의 삶은 지속 가능한 공동체로 반드시 연결해야 하겠습니다.

그것으로 영도는 위대해질 것입니다. 말이 아니라 행동으로, 약속이 아니라 결과로 영도의 변화를 만들어야 합니다. 그러면 영도는 더 좋아질 수 있습니다.

나는 이런 영도 못지않게 이재명 대통령도 좋아합니다. 그 좋아해 온 세월이 20년도 넘습니다.

영도 다리 (출처 : 영도구청 관광과)

이재명의 정치가 곧 박성훈의 정치입니다.

* * *

영도의 가파른 골목은 제 삶의 스승이었습니다. 굽은 길을 돌 때마다 만나는 이웃들의 얼굴에서 나는 답을 찾았습니다.

나의 정치는 거창한 구호가 아니라, 영도구민의 땀과 눈물을 닦아주는 '손수건' 이 되고 싶다는 마음에서 시작되었습니다. 이 마음은 나 혼자만의 것이 아닙니다. 내가 존경하고 함께 걷는 이재명 대통령의 마음과 다르지 않습니다.

뿌리가 같으면 꽃도 닮습니다. 이재명 대통령은 성남의 공단에서 소년공으로 차별받으며 '공정한 세상' 을 꿈꿨습니다. 나는 영도의 낡은 조선소와 골목에서 땀 흘리는 노동자들을 보며 '함께 사는 세상' 을 배웠습니다. 우리의 출발선은 다르지만, 도착지는 같습니다. **약자가 억울하지 않은 세상, 그것이 박성윤이 영도에서 실천하려는 이재명식 행정의 시작입니다.**

나는 이제 영도의 비탈길에서 '공정' 을 묻습니다. 이재명의 정치는 강자의 횡포를 누르고 약자를 돕는 '억강부약' 에 있습니다. 영도에는 여전히 소외된 곳이 많습니다. 재개발의 그늘에 가려진 원주민들, 일자리를 잃은 청년들.

나는 영도 구석구석을 누비며 이재명의 정치 철학을 현장에서 구현했습니다. 권력은 시민을 위해 쓰일 때만 정당하다는 사실을 영도에서 증명하고 싶었습니다.

"정치는 결과로 말해야 합니다."

이재명은 성남시장 시절 '성남이 하면 전국이 한다' 는 효능감을 보여주었습니다. 박성윤 역시 영도에서 '말' 보다 '일' 로 승부합니다.

영도의 조선업을 어떻게 살릴지, 관광객이 머물 인프라를 어떻게 구축할지 나는 매일 고민합니다. 구민의 주머니가 두둑해지는 정치, 그것이 이재명이 가르쳐준 진짜 정치의 맛입니다.

바람이 거셀수록 뿌리는 깊어집니다. 부산 영도는 민주당으로선 쉽지 않은 땅입니다. 하지만 이재명 대통령이 숱한 풍파 속에서도 굴하지 않았듯, 박성윤도 영도의 냉랭한 시선을 진심으로 녹여냈습니다.

지역주의라는 벽 앞에 서서 저는 이재명을 떠올립니다.

"길이 없으면 길을 만들어라."

그 가르침대로 나는 영도의 새로운 길을 닦고 있습니다.

정치인 이재명의 매력은 답답함을 확 뚫어내는 명쾌한 돌파력에 있습니다. 국민이 그를 대통령으로 선택한 가장 큰 이유이기도 합니다. 박성윤의 정치도 막힘이 없습니다. 영도의 고질적인 교통 문제, 노후 주택 문제. 현장을 모르면 답이 나오지 않습니다.

이재명 대통령이 현장에서 답을 찾듯, 나도 운동화 끈을 고쳐 매가며 영도의 골목을 뛰었습니다. 우리의 정치는 책상이 아니라 길 위에 있습니다.

어떤 이들은 묻습니다. 왜 박성윤의 정치가 이재명의 정치냐고. 대답은 간단합니다. **지향하는 가치가 같고, 살아온 삶의 궤적이 같으며, 시민을 대하는 진심 어린 마음이 같기 때문입니다. 그래서 영도를 사랑하는 마음은 이재명을 지지하는 마음과 하나입니다.**

이재명이 대한민국이라는 큰 배의 키를 잡는다면, 나는 영도라는 작지만 소중한 배의 선장이 되어 같은 방향으로 항해할 것입니다.

모두가 어우러지는 영도의 꿈은 이재명 대통령의 '대동세상' 과 닿아 있습니다.

영도의 희망을 부르는 바람이고자 합니다.

＊＊＊

영도의 할머니가 손주의 학원비를 걱정하지 않고, 은퇴한 아버지가 영도 바다를 보며 편안한 노후를 즐기는 세상.

그런 세상을 만드는 것이 나의 목표입니다. "영도가 좋다"는 내 말은 결국 '모든 주민이 행복한 영도가 좋다' 는 뜻입니다.

나는 영도에 희망을 부르는 바람이 되고자 합니다. 약동하는 봄을 틔우는 밀알이 되고자 합니다. 우리는 함께 승리할 것이고, 영도는 반드시 좋아질 것입니다.

나는 1967년 열 살 어린 나이에 영도로 이사와

영도사람으로 영도 사람들과 더불어

희로애락을 나누며 살아왔다.

그 세월이 60년이 다 되어간다.

나를 이곳으로 데려온 큰형님은 증손주를 봤으니

우리 가족 4대가 이곳 영도에 살면서

깊은 뿌리를 내리고 있는 셈이다.

1

영도 사람,
박성윤

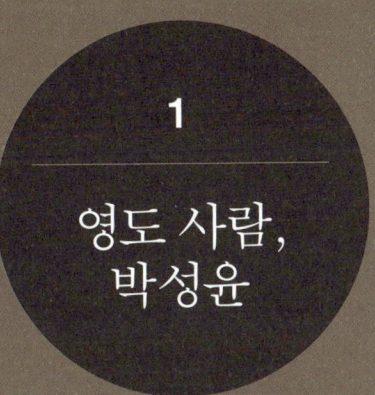

01

고성에서 태어나
영도에 살다

부산 영도에서 생활 기반을 잡은 큰형님은

내가 열 살 때 우리 6남매를 부산으로 불러들였다.

나머지는 고향에 남아 부모님과 함께 살았다.

1967년, 내가 초등학교 3학년 다닐 때였다.

나는 그렇게 큰형님의 부름으로 영도사람이 되었다.

12남매 중 막내로 태어나

＊ ＊ ＊

나는 한국전쟁의 상흔이 채 가시기 전인 1957년에 경남 고성에서 태어났다. 12남매 중 막내여서 맏이인 큰형님과는 스물세 살 차이가 났다. 거의 아버지뻘이다. 〈흥부전〉에서 자식 많이 둔 것으로 나오는 흥부도 9남매인데, 우리 집은 흥부네만큼이나 가난한 살림에 그보다 셋이나 많다. 그땐 자식 많은 게 흉이 아니라 다복한 것으로 여겨졌다. 다 자기 먹고살 복은 타고난다고 했다.

어릴 적 고성의 우리 집은 가난한 살림에 대식구로 북적거렸다. 봄이면 어김없이 보릿고개를 겪어야 했다. 손바닥만 한 논밭 뙈기에 열댓 식구가 의지하고 있었으니, 다들 철들 나이만 되면 제 밥벌이할 궁리를 해야 했다. 내가 태어났을 때 큰형님은 이미 부산으로 나가 사회생활을 하고 있었다.

영도 사람이 된 열 살 소년

＊ ＊ ＊

이윽고 부산 영도에서 생활 기반을 잡은 큰형님은 내가 열 살 때 우리 6남매를 부산으로 불러들였다. 나머지는 고향에 남아 부모님과 함께 살았다. 1967년, 내가 초등학교 3학년 다닐 때였다. 나는 그렇게 큰형님의 부름으로 영도 사람이 되었다.

고성 시골에서 갓 올라온 열 살 소년에게 부산은 또 다른 세상이었다. 어디를 가나 넘쳐나는 사람들로 활기에 찬 도시는 어안이 벙벙하게 하면서도 호기심을 불러일으켰다.

당시 부산 인구는 180만 명에 이르렀다. 내가 성장하면서 부산도 성장했다. 8.15 해방을 맞은 부산은 서울 다음가는 대도시였지만 인구는 28만에 불과했다. 그러다가 한국전쟁을 거치면서 피난민이 대거 정착하여 10년 만에 100만이 넘는 대도시로 성장했다. 2000년에는 381만 명을 넘기는 등 해마다 전국 평균 인구증가율을 웃돌며 매머드 도시로 성장했다. 그러나 2000년 이후로는 인구가 성장을 멈추고 줄기 시작하더니 갈수록 감소 폭이 커져 2024년에는 330만 아래로 떨어졌다. 24년 만에 50만 인구가 줄어든 것이다. 문제는 인구 감소가 앞으로도 멈추지 않을 것이라는 데 있다.

1960년대, 기회의 땅 부산

* * *

부산은 영남 동남부의 중심지로 대표적인 항구도시인 데다가 일찍이 일본과의 무역이 활발하여 상업이 발달했다. 근대적 상업의 효시로서 일제강점기 때 한·일 합작 시장인 부평동시장이 전국 최초로 설립되기도 했다. 해방 후에 가라앉은 상업은 전쟁통에 피난민이 몰려들면서 다시 활기를 띠기 시작하고, 1960년대 들어 본격적인 산업화와 함께 크게 성장했다. 영화로도 유명해진 국제시장은 당시 부산 상업의 융성을 말해주는 상징이 되었다.

큰형님이 부산으로 건너가 자리를 잡을 때는 경부고속도로가 완공되고 부산항을 중심으로 수출입이 활발하게 이루어지던 때였다. 뭐든 열심히만 하면 어렵잖게 사업 기회를 잡을 수 있던 때였다.

02

부모를 대신한
큰형님 내외

대한조선공사에서 10여 년을 근무한 큰형님은
'주식회사 산복'을 창업하여 사업가로 성공했다.
어려운 집안 형편에 가장 노릇을 하느라
더 배우지 못한 아쉬움을 장학사업으로 풀었다.
지역사회를 기반으로 사업을 해서 돈을 벌었으니
지역사회에 베푸는 것을 당연하다고 했다.
이런 생각이 바로 더불어 살아가는 공동체 정신이다.

부모님 같은 큰형님의 보살핌으로

* * *

일찍이 부산으로 건너와 영도에 자리 잡고 사업을 일군 큰형님은 영도에서 유명인이다. 시골로 치면 지역 유지인 셈이다.

큰형님의 큰아들, 그러니까 내 장조카가 나와 동갑이다. 고성 고향 집에서 한 해에 태어났다. 시어머니와 며느리가 함께 몸을 푼 것이다. 그때 어머니는 연세가 마흔여섯이어서 젖이 나오지 않았다. 그래서 나는 조카와 함께 큰형수의 젖을 먹고 자랐다. 주변에서는 그런 나와 조카를 두고 쌍둥이 형제냐고 묻는 사람도 있었다.

내가 네댓 살 될 무렵, 큰형님은 부산 영도에 있는 대한조선공사에 취직하여 부산으로 나갔다. 이를 기반으로 10년 후에 사업을 시작한 큰형님은 특유의 성실함으로 객지에서 빠르게 자리를 잡고 영도에서 두루 인정받는 인사가 되었다. 큰형님은 부산에 자리를 잡자마자 동생들 여섯을 불러들여 부산으로 전학시키고는 모두 고등학교를 마칠 때까지 공부를 시켰다.

대한조선공사는 1989년 한진그룹에 인수되면서 그 이름이 역사 속으로 사라진 기업이다. 한반도를 아시아 침략 전쟁 수행을 위한 병참기지로 삼은 일제는 1937년 부산에 군수 기업으로 조선소를 지었다. 최대 3천 톤급 선박의 건조와 7천 톤급 선박의 수리가 가능한

큰형님 진산 박성도

대형 조선소였다. 대한조선공사의 전신이다. 이 회사는 해방 후 귀속 재산으로 미 군정의 관리를 받다가 정부 수립 후 이관되어 1950년 1월 1일 대한조선공사법에 의거 국영 대한조선공사로 출범했다. 당시 한국 최대 조선소로, 1968년 민영화되기까지 국가 주도 조선산업 육성을 담당하였다. 민영화 이후 1970년대부터 시작된 장기간의 조선업 불황을 견디지 못하고 한진그룹으로 넘어갔다.

공동체 정신을 실천한 사업가

* * *

대한조선공사에서 10여 년을 근무한 큰형님은 '주식회사 산복'을 창업하여 사업가로 성공했다. 어려운 집안 형편에 가장 노릇을 하느라 더 배우지 못한 아쉬움을 장학사업으로 풀었다. 지역사회를 기반으로 사업을 해서 돈을 벌었으니 지역사회에 베푸는 것을 당연하다고 했다. 이런 생각이 바로 더불어 살아가는 공동체 정신이다.

한편 큰형님은 부모님을 대신한다는 책임감이 강해서인지 동생들을 아주 엄격하게 훈육했다. 동생들이 잘못된 행동을 반복하면 종종 매를 들기도 했지만, 밤에 잘 때 그 매 자국에 약을 발라주며 눈물지을 만큼 속정 깊은 자상함도 있었다.

큰형님은 성공한 사업을 기반으로 지역사회에 여러모로 봉사하고 공헌하면서 누구보다 영도를 사랑하는 영도 사람으로 녹아들었다.

큰형님 내외는 여섯 동생의 부모가 되어 정성으로 보살피고 가르쳤다. 초등학교부터 고등학교까지 다 공부를 시켰다. 대개들 중학교도 다니기 어려운 시절이었다. 자기 자식들도 길러야 하는 마당에 동생들을 여섯씩이나 부모 대신 건사한다는 건 절대 쉬운 일이 아니었다.

큰형님도 슬하에 5남매를 두었으니 녹록지 않은 살림이었지만,

당연한 듯 그 많은 동생을 성인이 되어 독립하도록 먹이고 입히고 재우고 공부시켰다.

사실 내가 민주당 간판을 달고 부산 영도에서 기초의원에 두 번, 광역의원에 한 번 당선된 것도 큰형님 덕이 컸다.

일찍이 자수성가한 큰형님은 부산 새마을지도자 연수연합회 초대 회장을 지내는 등 지역사회 발전에 힘을 보탰다. 특히 산복장학회를 설립하여 집안 형편이 어려운 지역 학생들에게 수억 원의 장학금을 지급한 것은 지역민들의 오랜 칭송 거리가 되었다.

또 큰형님은 노인 인구가 많은 영도의 사정으로 살펴 영도노인학교를 설립하고 교장을 지내는 등 교육자로서도 지역사회에 이바지했다. 낭중지추(囊中之錐)라고, 지역사회의 신망이 높은 큰형님은 가만있어도 존재감이 두드러져서 지역에 미치는 영향력이 컸다. 하지만 큰형님은 늘 겸손한 마음으로 널리 지역사회에 봉사하면서 평범한 일상을 자신에게 주어진 최고 행복으로 알고 이때껏 살았다.

03

날마다 나를
살리는 아내

아내는 내가 무기력하게 집에 박혀 있지 못하게 했다.
물론 내 기질도 실의를 금세 훌훌 털어버리는 편이었다.
아내는 내가 외출하는 아침마다 나의 기를 살려주었다.
'이럴수록 말끔해야 한다' 며 옷차림도 살펴주고
'어디 가서 자존심 구기지 말라며' 주머니도 채워주었다.
나는 아내 덕분에 낙선 정치인의 비애와 구질구질함에서
벗어나 활기차게 다음을 준비해왔다.

날마다 내 기를 살려주는 아내

* * *

나는 4년째 백수 생활을 이어오고 있다. 그런 나를 아내는 아침마다 기를 살려서 내보낸다. 또 저녁이면 따뜻하게 맞아준다. 아내가 보내는 사랑과 위로의 힘으로 나는 그 4년을 어렵잖게 버텨오면서 나름 보람된 세월을 살았다.

나는 아내와 1986년에 결혼해서 40년째 인생의 동반자로 살고 있지만, 아내에게 미안한 게 너무 많다. 결혼해서도 가정보다 친구와의 의리를 더 앞세우는 사람이었다. 아내는 그런 나를 너그럽게 이해하고 감싸면서 늘 한 발 뒤에서 말없이 가정을 지켜왔다. 아내에게는 딱히 친구라고 할 만한 사람도 많지 않았고, 영도에 정착한 동기간 외에는 늘 가족을 먼저 생각하며 살아온 덕에 나는 체면을 세우고 공직을 맡아 일할 수 있었다. 아내는 내가 공직에 나서기 전부터 건물 청소 일 등을 하며 생계를 꾸리고 남편이 공직을 맡은 이후에도 변함없이 그 일을 하며 나를 바로 세워 주었다.

"당신은 올바른 공직자가 되어야 해요. 진심으로 나를 위한다면 말이에요. 그런 자랑스러운 남편이 내게 제일 큰 힘이 되니까요."

그런 아내는 여행을 참 좋아한다. 함께 자주 여행하지 못한 게 아쉽고 미안하다. 그나마 2022년 야인이 된 후로는 아내와 여행을 함께하려고 나름 노력했다. 그때마다 소녀처럼 좋아하는 아내를 보면서 '백수 생활 하면서 내가 한 일 중에 가장 잘한 일이구나' 싶었다.

낙선의 의미와 낙선 정치인의 나날

* * *

나는 지난 2022년 제8회 전국동시지방선거 민주당 경선에서 컷오프를 당해 부산시의원 재선에 실패했다. 2010년 정치에 몸담은 이후 연속하여 주민의 지지를 받아온 나로서는, 그것도 현역인 나로서는 경선에서 컷오프를 당한 것이 못내 아쉽고 이해하기 어려웠다. '영도에서 가장 경쟁력이 센 것으로 입증된 후보를 컷오프시킨다는 게 말이나 되는가' 하는 의구심이 들었다.

윤석열 정부가 출범한 지 채 한 달도 안 된 시점에서 치러진 이 선거에서 새로 여당이 된 국민의힘이 압승을 거두었다. 민주당의 전통적 강세지역인 수도권에서조차 민주당을 크게 따돌리고 승리했으니, 영남권인 부산이야 말할 것도 없었다.

2022년의 선거는 민주당으로서는 2006년 선거의 대참패 이후 다시 맞은 참패로, 민주당 소속 후보들의 무덤이 되었다. 선거 때마다 프리미엄을 누리는 현역들도 예외는 없었다. 현역들의 낙선 후유증은 더욱 클 터였다.

낙선 정치인의 삶은 당선 정치인과는 극명하게 대비된다. 낙선하면 하루아침에 모든 지위와 영향력을 잃을뿐더러 주위의 사람들이 썰물처럼 빠져나가 상대도 해주지 않는다는 점에서 우리 정치권에서는 서글프고도 자조적인 표현이 공유된다. 특히 온갖 특혜와 권력을 누리는 국회의원은 더욱 그렇다.

"원숭이는 나무에서 떨어져도 원숭이지만, 국회의원은 선거에서 떨어지면 사람도 아니다."

현역에서 낙선한 정치인은 급격한 지위 상실과 인간적 배신감에 따른 심리적 충격을 감당하기 어려워 한다. 어제까지 왕처럼 군림하던 현역 정치인이나 유력 후보가 하루아침에 정치 낭인 신분으로 떨어지면서 겪는 정신적 충격은 상상을 초월한다. 무엇보다 세상의 관심으로부터 잊히는 '존재감의 상실'에 대한 두려움과 공허함이 크다. 그래서 서너 번 연거푸 낙선하고서도 정가 주변을 떠나지 못하고 배회한다.

이런 심리적 충격말고도 재정적 파산이나 궁핍이 낙선 정치인을 가장 괴롭히는 요소의 하나다. 선거를 치르는 과정에서 적어도 수억 원의 막대한 비용이 들기 때문에 선거 비용을 보전받지 못하거나 후원금이 끊기면 빚더미에 앉는 경우가 많다. 특히 정치 외의 다른 전문 직업이 없는 직업 정치인이라면 낙선 후 생계유지를 걱정해야 한다. 그래서 전문 직업 없이 낙선한 정치인은 그 위세 당당하던 모습은 온데간데없이 금전이나 자리를 구걸하는 비루한 처지로 떨어진다.

낙선 정치인이라도 본업이 변호사, 의사, 교수 등 전문직이라면 대개 곧바로 본업으로 돌아가니 생계 걱정도 없고 박탈감도 상대적으로 적다. 또는 다음 선거를 기약하며 지역 기반을 다지거나 정당 내 보직을 맡거나 연구소를 설립하여 지역 활동을 하거나 다양한 정치 관련 활동을 통해 정치적 영향력을 유지하려 안간힘을 쓴다. 강연이나 SNS 활동 등을 통해 대중과의 접점을 놓지 않으려는 노력도 병행한다.

일부는 새로운 분야 도전하여 정치판을 아예 떠나기도 하고, 드물게는 능력이나 연줄을 통해 공직에 진출하는 사람도 있다. 낙선 정치인의 삶은 화려한 정치 무대 뒤편의 냉혹한 현실을 보여주지만, 소수지만 일부는 좌절 속에서도 재기를 위해 노력하거나 새로운 삶을 찾는다.

그러나 대부분의 낙선 정치인은 "정치는(권력은) 마약 같아서 끊을 수 없다"는 정치의 속설을 그대로 답습한다. 보좌진이 모든 뒷바라지를 해주던 국회의원이나 지자체장은 낙선하면 '혼자서는 기차표도 못 끊는 바보 된다' 는 말이 사실이다.

정치인은 연예인만큼이나 화려한 직업이다. 현직에 있을 때는 일

거수일투족이 사람들의 이목을 끈다. 반면 낙선 정치인은 본인의 죽음조차도 별 뉴스거리가 되지 못한다. 화려한 만큼 그림자도 짙다. 낙선 정치인은 선거가 끝난 후 하루아침에 달라진 주변 사람들의 시선과 태도에 마음고생을 한다.

선거 토론회나 기자회견에서 종종 정치인이 버스요금이나 생필품 가격을 몰라 구설에 오르는 일이 있다. 이는 어쩌면 당연한 일이다. '국회의원이나 지자체장 두 번만 하면 자기 손으로 아무것도 하지 못하는 바보가 된다'는 말이 그냥 나온 말이 아니다.

낙선 정치인은 사람 취급도 못 받는다는 건 국회의원에 국한된 것만은 아니다. 지자체장이나 지방의원도 마찬가지다. 그나마 전문직업을 가지고 있으면 사람대접은 받는다. 게다가 생업이 있어 재정적으로 크게 곤란하지는 않으니 재기하기도 유리하다.

낙선 정치인은 사람도 아닌 존재라 해도 저마다 사정은 다르다. 갈 곳이 있는 낙선자와 없는 낙선자로 나뉜다. 변호사나 의사 또는 대학교수 같은 전문직 출신은 돌아갈 데가 있다. 특히 변호사는 국회의원이나 지자체장 시절 맺은 다양한 인맥 덕분에 '정치인 전관예우'를 받는 경우도 드물지 않다. 연예인이나 기업가 출신도 대부분 제자리로 돌아간다.

그에 반해 일찍이 정치에 몸을 담아 보좌관이나 당직자 출신으로 지자체에서부터 정치를 시작한 정치인은 낙선하면 갈 곳이 마땅치 않다. 이들을 비롯해 시민사회운동가나 언론인 또는 관료 출신도 마찬가지로 직업이 '정치인' 이어서 낙선하면 대개는 당장 생계부터 힘들어진다. 배우자가 일정한 수입이 있어서 받쳐주면 모를까, 그도 아니면 집을 팔거나 한도까지 대출을 받거나 친인척과 지인들에게 손을 벌리는 수밖에 없다. 그나마 여당 소속이면 더러 정무직 공직이나 공공기관에 자리가 나기도 하지만, 야당 소속이면 국물도 없다.

그러나 여야 소속을 떠나 낙선 정치인 앞에는 대개 좀비 같은 삶이 기다린다. 낙선의 충격과 상처는 생각보다 오래간다. 어떤 낙선 정치인은 어느 날 문득 TV만 보고 있는 자신을 발견하고는 곧바로 TV를 내다버렸다고 한다.

2022년 낙선 이후 나도 그렇게 될까봐 정신을 바짝 차렸다. 나는 선거에서 이기나 지나 정치인이고, 영도사람인 건 변함이 없다는 사실을 명심하고 초심으로 돌아가 다시 달릴 준비를 했다.

새롭게 채우기 위해 잠시 비우는 세월

* * *

아내는 '하늘이 실패와 패배를 주는 건 이제 그만하라는 뜻' 이 아니라 '새롭게 채우기 위해 잠시 비우라는 뜻' 이라고 나를 다독였다. 그러면서 4년이 지나도록 변함없이 나를 믿고 물심양면으로 지원했다. 아내는 내가 무기력하게 집에 박혀 있지 못하게 했다. 물론 내기질도 실의를 금세 훌훌 털어버리는 편이었다. 아내는 내가 외출하는 아침마다 나의 기를 살려주었다. '이럴수록 말끔해야 한다' 며 옷차림도 살펴주고 '어디 가서 자존심 구기지 말라' 며 주머니도 채워주었다. 나는 아내 덕분에 낙선 정치인의 비애와 구질구질함에서 벗어나 활기차게 다음을 준비해왔다. 내가 꿈꾸는 영도, 그 비전을 다듬어 새로운 도전에 나서게 되었다.

04

60년 나의
영도살이

나는 특임부대 요원으로 임무 수행 중 흔적도 없이
사라져간 동지들을 뒤로하고 66개월간의 복무를 마친 후
사회에 복귀하면서
'이제부터 나의 인생은 덤으로 사는 것' 이라고 마음먹었다.
그래서 정의롭고 공정한 사회를 위해 봉사하고 헌신하면서
살아야겠다고 다짐했다. 돌아보건대 불의에는 언제나
당당하게 목소리를 내면서 살아왔다고 자부한다.

영도에서 살아온 60년 세월의 흔적

* * *

나는 영도구에서 지난 25년간 생활정치를 실현해왔다. 제5, 6회 전국동시지방선거에서 연거푸 1등으로 영도구의원에 당선되었다. 이어진 제7회(2018년) 전국동시지방선거에서는 부산시 광역의원에 출마하여 영도구 민주당 출마자 중 최고 득표율로 당선되었다.

부산 영도구의 지역 국회의원은 1980년 이후로는 대대로 보수 후보가 독점해왔다. 한나라당 김형오 의원이 5선을 했고, 한나라당 김무성 의원이 2선을 했다. 지금은 국민의힘 조승환 의원이 현역으로 있다. 조 의원은 해양수산부 관료 출신으로 윤석열 정부에서 초대 해양수산부 장관을 지냈다.

나는 이런 보수의 아성에 도전하여 변화의 물길을 트기 위해 민주당 중구·영도지역위원장이 되기를 바라마지 않았다. 그래서 2016년, 2020년, 2022년, 2024년 이렇게 네 번에 걸쳐 지역위원장에 지원했지만, 번번이 기득권에 벽에 막혀 좌절되었다. 수십 년이 넘도록 한 번도 보수의 아성을 무너뜨리지 못한 만년 지역 야당에도 그처럼 강고한 기득권이 작용한다는 게 놀랍고 서글프고 안타까웠다.

내가 처음 영도 땅을 밟은 때는 1967년이다. 고성에서 초등학교 3

학년 재학 중에 큰형님은 나를 영도로 데려와 영도 봉래동에 있는 대교초등학교로 전학시켰다. 대교초를 졸업한 나는 이어 같은 영도에 있는 부산남중학교를 다녔다. 중학교를 마치고 고등학교에 들어갔지만, 미처 졸업하지 못하고 군인의 길을 택했다.

1975년 4월, 해군 부사관으로 입대한 것이다. 이듬해 4월, 훈련 사관 수료를 앞둔 나는 UDU(Underwater Demolition Unit)에 지원해 별도 특수 훈련을 받았다. UDU는 국군정보사령부 기밀 공작단인 100여 단 산하에서 특수작전 임무를 수행하는 특임부대를 통칭한다. 특수 작전에는 북파 공작 임무도 포함된다.

세계 각국의 군대는 다양한 특수부대를 운영한다. 우리 국군 역시 마찬가지다. 흔히 특전사로 불리는 특수전사령부는 예하에 여러 공수 특전여단과 제707특수임무단(대테러, 707특임대)을 두고 전시에는 적 후방 교란, 타격 작전 등을 수행하도록 한다. 해군에는 UDT와 SEAL이라는 해군특수전전단이 있다. 이 부대는 해상 및 수중 특수 작전을 전문으로 하며, 대테러, 해상침투, 인명구조 등의 임무를 수행한다. 공군 특수부대로는 CCT(공정통제사)와 SART가 있다. CCT는 공수작전 및 구조 임무를 수행한다. SART는 구조비행전대로, 조종사 구출 등 인명구조 임무를 수행한다. 그리고 국군정보사령부 예하에 HID와 UDU라는 특수임무 부대가 있는데, 비정규전 및 특수 정보 임무를 수행하는 부대지만 약간 차이가 있다.

내가 지원한 UDU는 Underwater Demolition Unit로, 공중과 육상은 물론 수중까지 포함하여 침투, 정찰, 폭파 등 전천후 임무를 수행한다. HID(Headquarters of Intelligence Detachment)는 말 그대로 첩보부대로 육상에서의 침투, 정보 수집, 특수작전 임무를 수행한다.

우리나라 북파 공작 특수부대의 현황과 남은 과제에 대해서는 다음 언론 기사(오마이뉴스, 2024년 12월 16일, 김도균 기자)에 잘 정리되어 있다. 이는 나의 북파 공작 특수부대원의 명예 회복 및 배상 운동과도 관련되어 있다.

12.3 내란사태와 관련해 HID와 같은 특수부대가 사람들의 입길에 오르고 있다. HID가 소속된 국군정보사령부(정보사)가 비상계엄 선포 전부터 깊숙이 관여하고 있었다는 의혹 때문이다. 국회 국방위원회 소속 부승찬 더불어민주당 의원은 지난 10일 국방위 회의에서 처음으로 HID 관련 의혹을 제기한 바 있다. 공군사관학교 출신인 부 의원은 현역 시절 HID 공작팀장을 역임했다. 부 의원에 따르면 HID는 평시 한국 내 임무가 없고 유사시 북한 지역에 투입되어 요인 암살과 폭파 임무 등을 수행하는 극비 부대다.

HID는 북파공작원의 대명사가 되었지만, 과거 북파 작전을 수행했던 부대는 여럿 존재했다. HID의 전신은 1946년 1월 미 군정청 국방총사령부 정보과다. 이후 조선경비대 총사령부 정보국을 거쳐 육군본부 정보국으로 개편됐다. 한국전쟁이 터진 직후 육군본부 정보국 안에 첩보 수집을 담당하는 공작과가 신설됐는데, 이 부서가 영문 약자로 HID로 표기됐다. 초대 부대장은 제5공화국 시절 '이철희·장영자' 사건으로 유명한 이철희 대령이었다.

같은 시기 해군에는 UDU와 해병대 소속의 MIU(Mission Impossible Unit)라는 첩보부대가 있었고, 공군에도 대북 첩보 활동을 수행하는 OSI(Office of Special Investigation)가 있었다.

1972년 육군 내의 첩보부대가 통합되어 육군정보사령부(Army Intelligence Command)가 만들어졌고, 1990년 11월 육군과 해·공군 정보부대가 합쳐져 오늘날의 국군정보사령부(Defence Intelligence Command)가 됐다.

1953년 7월 정전협정 체결 이후 공식적으로 전쟁은 중지되었지만, 이후에도 남북한 모두 상대방 지역에 무장공작원을 침투시켜 첩보 수집 및 첩보망 구축, 후방 교란, 주요 시설물과 적 진지 파괴, 납치와 암살 작전을 수행했다.

제291차(1969년 8월 14일)부터 제330차(1972년 5월 18일) 군사정전위원회(군정위) 회의록에 따르면, 북한 측은 이 기간 비무장지대 이북지역으로 침투한 북파공작원 81명 중 42명을 생포하고 39명을 사살했다고 주장했다. 군정위 회의록에는 북한 지역에 침투했다 사살된 소년병들의 시신 인수를 한국 측이 거부했던 사실도 확인할 수 있다.

1967년 8월 육군 첩보대는 소속 무장공작대 8개 팀 48명을 투입해 대북 응징보복 작전을 단행했다. 1개 팀 6명, 장교가 팀장을 맡고 척후조 · 폭파조 · 경계조로 구성된 이들 팀의 목표는 북한군 장교 숙소와 막사를 공격해 인원을 살상하고 장비를 노획해 오는 것이었다.

대부분의 팀은 임무를 완수하고 귀환했지만, 최강형 대위를 팀장으로, 강원도 인제군을 통해 북파됐던 '번개 1팀'은 척후조 신ㅇㅇ을 제외하고는 모두 전사했다. 최 대위와 팀원 김덕재 · 김창덕 · 장정례 · 정운성이 그들이다. 북한이 전사자들의 신원을 확인할 수 있었던 것은 신ㅇㅇ이 사로잡혔기 때문일 것이다. 속초 903지구대 소속 공작대원 강교춘 · 김용태도 북한군에 사살됐다.

현역 군인이던 최 대위를 제외하고 당시 작전에서 목숨을 잃은 6명은 모두 인천 국립소년직업훈련소 출신의 10대 소년병들이었다.

당시 북한 측은 판문점 군사정전위 본회의장 옆에 북파공작원 시신 7구와 이들이 휴대했던 무기와 장비를 전시해놓고 유엔사령부(유엔사) 측에 "한국이 정전협정을 위반했다"고 강력히 항의했다. 유엔사 측은 "북측의 자작극"이라 주장하면서 관련 사실 일체를 부인하고 시신 인수도 거부했다.

지난 2002년 북파공작원 보상 문제가 본격적으로 제기되자, 정보사는 청와대 국가안전보장회의(NSC)에 1951~1994년까지 양성된 북파공작원이 1만 3,835명이라고 밝혔다. 이 숫자는 실제 임무를 수행한 북파요원과 훈련만 받은 양성요원을 모두 포함한 수치다. 1972년 7.4남북공동성명 전까지 실제로 북파된 요원은 1만 1,273명, 북파 목적으로 양성했지만 실제 임무에 투입되지 않은 요원은 2,562명으로 나타났다.

북파공작원 보상을 위해 정부가 집계한 자료에 따르면, 1951년부터 1972년까지 임무 수행 중 사망하거나 실종된 북파요원은 7,987명이었고, 생존자는 3,282명이었다. 하지만 실제 북파공작원 숫자는 정보사가 밝힌 1만 3,835명보다 더 많을 것으로 보인다. 군 첩보부대 소속이 아닌 일반 육군부대에서 자체적으로 보낸 요원들도 존재하고, 방첩부대였던 기무사령부가 보낸 요원, 중앙정보부(국가정보원 전신)가 침투시킨 공작원들도 상당수 존재하기 때문이다. 여기에 켈로부대(KLO) 등 미군 첩보부대 소속의 북파요원들 역시 정보사 통계에는 포함되지 않았다.

1990년대 정보사 창설 이후 정보사는 '특수정보부사관' 이라는 이름으로 특수작전 임무를 수행하는 요원을 모집해 왔지만, 현재는 육상특수요원(HID), 해상특수요원(UDU)을 민간인 입영 대상자 중 지원을 받아 선발하고 있다.

대북 극비 임무를 수행하는 HID가 관심을 받게 된 것은 12.3 내란사태 당시 일부 요원들이 소집되어 경기도 판교에 대기하고 있었다는 사실 때문이다. 속초 HID 부대에는 요원뿐 아니라 현장 지휘관도 있었던 것으로 알려졌다. 부대 특성상 HID 동원에는 김용현 전 국방부 장관 선에서도 가능하지 않고, 그 윗선의 명령이 있었던 것 아니냔 지적도 나온다.

더불어민주당 부승찬 의원은 16일, 유튜브 방송 〈매불쇼〉에 출연해 "정보사가 국내 업체에 인민군 군복을 주문했고, 3주 전 납품 받았다"고 새로운 의혹을 제기했다. HID가 12.3 내란사태에서 어떤 역할을 행할 예정이었는지, 또 누구의 명령이 있었는지는 수사 과정을 통해 반드시 규명해야 할 문제가 됐다.

HID는 과거 순수 대한민국 해군 소속으로 명령, 인사, 예산 등 모든 부분에서 대한민국 해군본부의 통제를 받았으나 1990년에 육·해·공 3군 첩보부대가 모두 정보사령부에 통합된 이후로는 국방부 직할부대인 정보사령부 소속으로 부대원들만 해군일 뿐 명령, 인사, 예산 부분 등 거의 모든 부분에서 해군본부의 통제로부터 독립했다.

정보사령부 예하 부대 대부분이 그렇듯, 대외적으로는 보통 일반 회사명과 비슷한 위장명칭을 사용한다. 과거 '특수정보부사관' 이라는 이름으로 모집했으며 현재는 '해상 특수요원' 이라는 이름으로 공개 모집한다.

본 문서는 과거 "UDT 교육훈련대에서 교육을 받고 해군 첩보부대에서 복무하며 UDU라 불리던 수중파괴요원/UDT 직별의 군인" 과 "1971년 창설된 UDU 교육대에서 교육을 받은 수중파괴요원/UDU 직별의 군인" 그리고 "해군 첩보부대 예하 호송부대 소속의 일명 비둘기요원(502

기지"의 역사를 다룬다.

해당 논란은 상당히 아이러니한 상황으로서 북파공작을 했던 UDU나 그 부대원을 키워냈던 부대장의 주장에 그리고 국방부 답변에 반하여 북파공작을 수행하지 않은 부대원들의 주장이 서로 상충하며 생겨난 논란이다.

국방부에서 1970년 이전에는 별도의 UDU 교육이 없었고 UDT 중 일부가 UDU로 선발되었다고 명시하였기 때문에 UDU는 UDT 창설 연도인 1955년 이전에는 존재할 수 없다.

(오마이뉴스, 2024. 12. 16., 김도균 기자)

나는 특임부대 요원으로 임무 수행 중 흔적도 없이 사라져간 동지들을 뒤로하고 66개월간의 복무를 마친 후 사회에 복귀하면서 '이제부터 나의 인생은 덤으로 사는 것' 이라고 마음먹었다. 그래서 정의롭고 공정한 사회를 위해 봉사하고 헌신하면서 살아야겠다고 다짐했다. 돌아보건대 불의에는 언제나 당당하게 목소리를 내면서 살아왔다고 자부한다.

너무도 취직이 어려운 특수부대 출신

* * *

1980년, 나는 군 전역 후 폭파 전문 주특기를 살려 첫 직장으로 경남 삼천포 화력발전소 건설현장에 취직했다. 그곳에서 나는 수중 발파 요원으로 투입되었다. 화력발전소에 20만 톤급 선박이 부두에 접안하려면 바다 수심이 최소 17~18미터는 되어야 하는데 당시 현장 수심은 10여 미터에 불과했다. 이를 해결하기 위해 수중 폭파 전문가들이 직접 잠수해 암반에 폭약을 설치하고, 폭파를 통해 해저를 굴착하는 방식으로 수심을 더 깊게 한다.

그 작업을 시작한 지 5개월쯤에 큰 사고가 터졌다. 폭파 작업을 위해 바지선 위에서 폭약을 준비하던 중 안전 부주의로 폭발 사고가 일어난 것이다. 이 사고로 여러 동료가 목숨을 잃고 나 역시 중상을 입어 수년간 병원 신세를 져야 했다. 이 사고 이후, 나는 더 이상 수중 폭파 일을 할 수 없었다.

나는 다른 취직자리를 알아보았지만 그런 일 말고는 우리 같은 특수부대 출신을 받아주는 기업은 어디에도 없었다. '목숨 걸고 국가에 충성한 대가가 이런 거였나' 생각하니 서글픈 심정에 눈물이 났다.

그래서 시작한 일이 택시 운전이었다. 이때는 결혼한 이후라서 생계를 위해 다른 선택의 여지가 없었다. 1988년 서울올림픽이 열리던 무렵이다. 회사 택시 모는 기사는 지금도 어렵지만, 당시에도 눈썹이 휘날리도록 달리지 않으면 사납금 채우기도 어려웠다. 지금은 기본급이라도 있지만, 그때는 그런 기본소득도 없이 사납금 채우고 남은 금액이 벌이의 전부였다. 그런 걸 고려하면 사납금이 터무니없이 높아서 새벽부터 밤늦도록 달려야 겨우 생계를 꾸릴 수 있었다.

그런 사정으로 그때는 승차 거부가 흔했다. 짐보따리를 든 어르신들, 아이 업은 산모, 여럿이 함께 타려는 손님 등 신속한 운행에 지장을 줄 것 같거나 여럿이라서 합승을 할 수 없게 하는 손님은 쓱 보고는 태우지 않으려고 했다. 그런 승차 거부로 정작 택시를 타야 할 손님이 발을 동동 구르는 일이 많았다.

하지만 나는 승차 거부는커녕 남들이 그런 '손님들만 골라태운다'고 할 정도로 누가 되었든 손님으로 극진히 모셨다. 나이 든 어르신이 택시에서 내려 무거운 양손에 들고 짐을 비탈을 올라가야 할 상황이면 짐을 집까지 들어다주기도 했다. 그러니 사납금도 못채우는 날이 많아 생계는 다달이 적자였다. 아내는 그 적자를 메우며 살림을 해내느라 참 고생 많았다. 지금 돌아보니, 그런 아내가 없었다면 어찌 살았을까 싶다.

나는 그런 택시 운전을 1995년까지 했으니, 8년 경력이다. 그 8년 동안 나는 영도를 중심으로 부산 시내를 구석구석 누비며 나와 같은 서민들이 어찌 살아가는지 그 속살을 깊이 들여다볼 수 있었다. 바로 그런 경험으로부터 나의 '생활정치' 신념이 싹텄다.

인생의 길을 송두리째 바꾼 사건

＊＊＊

내가 택시 운전을 시작할 즈음에 인생의 길을 송두리째 바꾼 사건이 일어났다. 1987년 6.10항쟁이다. 4.13 호헌 조치 철폐를 위한 국민적 투쟁이 불꽃처럼 타오르던 당시, 나는 거리 투쟁에 나선 변호사 노무현을 보았다. 그는 당시 부산민주헌법쟁취국민운동본부 상임집행위원장으로서 선두에 나서 목이 터지도록 외치며 시위를 이끌었다.

이후로 노무현은 내게 영원한 정치적 멘토가 되었다. 그는 과연 이후로 한 번도 내게 실망을 주지 않았다. 오로지 민주주의와 민주시민을 바라보며 나아가는 그의 한 걸음걸음이 다 감동이었고 내가 배울 바였다. 그는 이듬해(1998년) 통일민주당 소속으로 부산 동구에서 국회의원에 당선되더니 그해 국회 청문회에서 정경유착을 여지없이 밝혀내 스타가 되었다. 그보다 내가 그에게 진실로 감탄하고, 그를 한없이 존경하게 된 사건은 1990년의 3당 합당에 반대하고 김영삼과 결별한 일이었다. 당시 부산이나 영남을 지역구로 둔 정치인이 김영삼과 등을 진다는 건 정치적 자살행위나 마찬가지였다. 그는 그런 정치적 유불리를 따지기 전에 먼저 그것이 과연 옳으냐를 따져, 정치적 양심이 가리키는 대로 행동했다. 나는 정치에 입문하면서 그때의 정치인 노무현을 평생 가슴에 담고 살았다. 노무현이 오직 한 길로 나아간 걸음처럼, 단 한 번도 정치적 양심을 속이지 않았고, 곁눈질조차 하지 않았다.

내가 지역위원장이 되고자 하는 뜻은

* * *

나는 2000년 들어 특수임무수행자(북파공작원) 명예회복 및 국가보상금 지급 청구 운동에 나섰다. 5.18민주화운동 희생자들이 민주화운동 국가유공자로 지정되는 과정을 지켜보며 '우리도 한번 해보자'는 의견이 모아진 것이다. 이후 우리의 명예회복을 위한 노력은 수년 동안 끈질기게 이어졌다. 2005년, 노무현 정부 들어 마침내 관련 특별법이 제정되고 그 법에 따라 우리는 국가유공자로 지정되면서 명예회복은 물론 소정의 보상금과 연금까지 받게 되었다.

보수당 정부에서는 거들떠보지도 않은 문제였다. 만약 김대중에서 노무현으로 이어진 민주 정부가 아니었다면 풀리기 어려운 문제였다. 나는 그때 진보와 민주주의 가치를 새삼 절실히 느꼈다.

그래서 더욱 나는 정치에 몸담은 지난 30년간 부산 민주당 재건을 위하여 온 열정을 불살라 보수당에 맞서 싸웠다. 좀 더 잘 싸우기 위해 지역위원장 선출 대회에 나섰다.

지역에서 중앙당만 쳐다보면서 자리를 지키거나 총선 출마를 위한 지역위원장이 아니라 다음과 같은 각오로 소임을 다하고자 합니다.

첫째, 지역당을 재건하겠다는 각오로 정체성이 뚜렷하고 강력한 리더십을 발휘하는 지역위원장이 되겠습니다. 중·영도뿐만 아니라 부산시당에서도 외연 확장이라는 명목 아래 외부 인사의 영입과 의회 진출 등을 보장해왔으나 그들 영입으로 국민에게 무슨 감동을 준 적이 있습니까? 오히려 민주당의 색깔만 퇴색했을 뿐입니다. 강력한 지도력을 바탕으로 자강을 꾀하고 시민이 공감할 정책을 추진하는 인물이 나온다면 시민들도 우리 당을 지지할 것입니다.

둘째, 솔선수범하는 자세가 필요합니다. 지역위원장들 대부분이 다음 국회의원 선거 출마를 바라보고 위원회를 이끌고 있으니 잡음이 끊이지 않고 개인적인 사심으로 점철된 지역위원회로 변질되었습니다. 중앙당에서 낙하산으로 임명하는 위원장이 아니라, 현장성을 가지고 중도층 유권자들의 지지를 끌어내 보수정당에 맞서서 힘차게 싸울 수 있는 사람이 지역위원회를 이끌어야 합니다.

셋째, 다가오는 지방선거에서 승리하고, 그 승리의 발판으로 대선 승리의 징검돌을 놓을 유능한 당원이 지역위원장이 되어야 합니다. 그동안 자신이 지역위원장으로 활동했으니 계속 위원회를 이끌어야 한다거나 그런 자신이 지역구 국회의원 후보 공천을 받아야 한다는 마음을 먹는 순간 우리 중·영도지역위원회는 사분오열 분열되고 말 것입니다. 과연 누가 우리 지역구 국회의원 후보가 될지 알 수 없지만, 저부터 내려놓겠습니다. 우리 지역구에서 민주당이 승리하려면 누구라도 영입하려는 열린 자세의 지역위원장이 필요합니다.

나는 총선에서 우리 지역구에 민주당의 깃발을 꽂고자 이처럼 열린 마음과 태도로 지역위원장 선출에 나섰지만, 결과는 늘 현장성을 배반했다. 나보다 더 우리 영도를 잘 알고 더 깊이 주민들과 소통하는 사람이 있다면 나는 언제든지 그를 지역위원장으로 적극적으로 추천하고 지지할 의향이 있다. 꼭 나여야 한다는 생각을 버리고 현 상황에서 과연 누가 그 자리에 적합한가만 생각했다. 더구나 부산처럼 민주당의 절대 열세 지역에서는 중앙당이 일방적으로 정하는 낙하산 인사로는 그 열세를 극복할 길이 없다.

나는 매번 이런 주장을 앞세워 고착된 구조를 깨부수고 새로운 활력을 불어넣고자 지역위원장이 되려 무진 애썼지만, 결국은 이루지 못하고 오늘에 이르렀다. 이제 방향을 바꿔 그동안의 의정활동과 지역 봉사활동을 통해 얻은 경험과 역량을 영도구 발전에 쏟아붓고자 새로운 도전에 나섰다. 내가 만약 새로운 도전에 성공한다면 '민주당 후보 최초'라는 영예를 안게 되겠지만, 그만큼 무거운 책임감을 지게 된다. 나는 영예는 뒤로하고 그 책임감을 온전히 감당하여 주민 감동, 주민 행복의 정치를 펼 자신이 있다.

나는 열 살 어린 나이에 1967년에 영도로 이사와 지금껏 영도사람으로 영도사람들과 더불어 희로애락을 나누며 살아왔다. 그 세월이 60년이 다 되어간다. 나를 이곳으로 데려온 큰형님은 증손주를 봤으니 우리 가족 4대가 이곳 영도에 살면서 깊은 뿌리를 내리고 있는 셈이다.

나의 2기 영도구 의정 역시 발로 뛰는 활동의 연속이었다.
민원이 있는 곳이면 지역구 불문하고 영도 전역을 뛰어다녔다.
한눈팔지 않고 불의와 타협하지 않았으며, 오로지 주민 편에서
서서 주민의 대리인 자격에 부끄럽지 않게
집행부를 감시하고 견제했다.

2

의정활동 12년
그리고 남은 과제

01

영도구의원
8년

나는 당장 실행 가능한 마을 편의시설 조성과
생활환경 개선부터 해나갔다.
그동안 말뿐이던 정치인을 신물 나게 봐온 주민들은
말 대신 실천이 앞서는 내가 신기했는지
깊은 관심과 격려로 뜨거운 지지와 응원을 보냈다.

"맡겨보니 진짜 일꾼"

* * *

나는 영도의 재도약과 구민의 삶의 질 향상, 나아가 풀뿌리 민주주의와 노무현 정신의 모범적 실현을 위해 2010년 4월 출사표를 내고 국민참여당 소속으로 영도구의원 선거에 나섰다. 나는 출사표에서 '사람 사는 세상'을 다시 일으키는 데 작은 밀알이 되고자 하는 결심을 밝혔다.

영도구의원으로 출마한 박성윤입니다.

먼저 노무현 전 대통령의 정치철학을 계승하는 정치인이 될 것을 약속합니다. 또 영도구의 일자리 창출, 서민의 삶의 질 향상과 노인 복지 향상을 위해 매진하면서 영도 주민이 바라는 바에 어긋나지 않는 의원이 될 것을 약속합니다.

저는 고성에서 태어나 초등학교 때 영도로 왔습니다. 여기서 초·중학교를 졸업하고 뜻한 바 있어 특임부대(해군 첩보부대 북파공작원)에 지원하여 6년간의 군 생활을 마치고 전역하여 평범한 시민으로 돌아와 직장생활을 했습니다.

그러나 현실은 저를 평범한 직장인으로 놔두지 않았습니다. 이명박 정부 들어 수도권과 부자만을 위한 각종 특혜 조치와 정책을 펴고 있는데도 이를 견제하고 비판해야 할 영도구 출신의 국회의원, 구청장, 구의원들이 이에 방조 또는 동조하고 있어 서민 밀집 지역인 영도구는 미래에 대한 희망도 없이 생기를 잃어가고 있습니다.

서울과 지방, 부자와 서민, 대기업과 중소기업, 정규직과 비정규직 간의 격차와 불균형이 심화하는 가운데 빈곤층 보호를 위한 기초보장 8.3% 삭감, 결식아동 급식지원 예산 전액 삭감, 노인장기요양보험시설 예산 447억 원 삭감, 보육시설 예산 74% 삭감 등 서민 관련 정책이 거의 학살 수준으로 후퇴하고 있습니다.

토건회사와 땅투기꾼들에게만 혜택이 가는 4대강 사업, 한반도의 수려한 자연경관과 환경 생태계를 송두리째 파괴할 수 있는 그런 위험천만한 사업을 환경영향평가와 목적하는 사업성 평가를 날림으로 하는 시늉만 낸 채 20조 원이 넘는 막대한 비용을 들여 밀어붙이는 정권으로 인해 국정이 엉망진창이 되고 있습니다.

국토균형발전의 중심축이자 모델이 될 세종시 문제로 분란을 일으켜 국력을 소모하고, 이에 연쇄적으로 동삼동 혁신도시 건설이 미뤄지는 등 국가 대사가 뒤죽박죽 뒤엉킨 채로 동력을 잃어가고 있습니다.

1970년대로 후퇴하는 것 같은 근래의 상황으로 보건대 전임 김대중·노무현 정부가 이룬 성과가 물거품이 되는 건 아닌가 싶어

도저히 묵과할 수 없는 지경입니다.

IMF의 존 립스키 수석부총재는 근래의 세계 경제 위기 국면을 한국이 벗어난 것도 지난 10년을 책임진 민주 정부가 신속한 재정 확대로 대응한 덕분이라고 말했습니다.

지금 이명박 정부의 행태는 서민에게 희망을 주기보다 오히려 있는 희망마저 앗아가고 있습니다. 이에 저는 여기 영도구의원으로 출발하여 이명박 정권을 심판하고 사람 사는 세상을 다시 일으키는 데 작은 밀알이 되고자 합니다.

이렇게 구의원에 출마한 나는 북파공작원 출신이라는 독특한 이력 때문에 '이색후보' 로 언론에 자주 소개되었다.

"지난 5월 13일 부산에서 6.2 지방선거에 도전장을 낸 후보 가운데는 북파공작원 출신 등 다양한 경력을 가진 인물이 많아 눈길을 끌었다. 국민참여당 공천을 받아 영도구의원 선거에 출마한 박성윤 (52) 후보는 북파공작원 출신으로 현재 사단법인 UDU 부산동지회 대표를 맡고 있다(부산 연합뉴스, 민영규 기자)."

나는 영도구에 절실히 필요한 맞춤 공약과 사람 사는 세상의 구현을 위한 사람 우선의 공약을 내걸고 구의원에 당선됨으로써 2010년을 내 정치 인생의 원년으로 삼을 수 있었다.

나는 주로 '서민의 삶 향상 정책'에 공약의 초점을 맞췄다. 아동 무상급식, 영유아 무상보육, 장애인 및 노인 복지 확충, 저소득층 및 노인층 일자리 확충과 건강관리 지원 등의 조례를 제·개정하는 데 힘을 쏟을 것을 약속했다.

그리고 나는 예산의 심의와 결산을 엄정하게 함으로써 불필요한 예산 항목을 찾아내 감액 또는 삭감으로 확보된 여유자금을 부족한 복지 예산을 확충하는 데 쓸 것을 약속했다.

더불어 나는 주민 청원의 경청 및 신속 처리, 엄정한 행정사무 감사, 해양조선 산업 관련 양질의 일자리 창출, 서민의 삶을 최우선으로 두는 영도구 개발 및 발전 정책, 투명한 공사입찰제도 확립 등을 공약으로 내걸고 영도구의원에 당선되었다.

나는 약속대로 공약을 실천하기 위해 발로 뛰었다. 만나는 주민마다 "맡겨보니 진짜 일꾼"이라며, 엄지를 들어 보였다.

말보다 실천, 거침없는 추진력

＊＊＊

나는 당장 실행 가능한 마을 편의시설 조성과 생활환경 개선부터 해나갔다. 그동안 말뿐이던 정치인을 신물 나게 봐온 주민들은 말

대신 실천이 앞서는 내가 신기했는지 깊은 관심과 격려로 뜨거운 지지와 응원을 보냈다.

청학2동 어울마당 및 어르신쉼터 조성, 쌈지공원 정비를 비롯한 주민 휴식공간 창출, 어린이체육공원 정비 등 일련의 주민 우선 사업을 거침없이 추진해나갔다.

무엇보다 주공 입주민의 오래된 민원인 정화조 악취 문제를 주민과 함께 해결한 게 큰 보람으로 남았다. 동삼주공아파트 주민들은 정화조 악취로 인해 15년이나 고통을 받아왔다. 그동안 수없이 민원을 제기했는데도 응답 없는 메아리로 남아온 것을 내가 구의원이 되면서 팔을 걷어붙이고 나섰다.

주민회의와 공청회 결과를 가지고 토지주택공사 및 시생활하수과와 수차례 협의를 거쳐 함께 노력한 결과 오수관거 및 차집관로를 설치함으로써 오랜 민원을 근본적으로 해결했다.

그와 더불어 소방도로 확보와 도시기반 시설을 확충 노력도 상당한 성과를 내어 영도구는 좀 더 안전하고 살기 편리한 도시가 되어갔다. 청학2동 주민센터-영광맨션 간 도로 개설, 청학동 (구)포부대-(구)해사고교 밑 간 도로 개설, 일신마리나아파트-와치로 간 도로 개설 등이 대표적인 성과다.

나는 이 밖에도 풀뿌리봉사대 자원봉사활동으로 현장 중심의 열린 의정 구현, 어린이·교사·주민과의 소통과 참여 의정 실현을 위한 청소년 모의 의회 개최, 영도구 발전의 대안을 연구하는 의정 연구회 결성, 주요 현안 사업에 대한 현장 의정 강화 등의 활동으로 풀뿌리 민주주의 발전에 심혈을 기울였다.

초심을 지킨 재선 의원

* * *

2014년, 구의원으로서 사람 사는 세상을 위한 활동에 진심인 나의 열정을 알아준 주민들이 초선 때보다 더 많은 지지를 보내줌으로써 나는 영도구의원 재선에 성공했다. 내가 약속한 일을 마무리하기엔 4년은 너무 짧았다. 그래서 구의원으로서 주민의 재신임을 물어 재선 의원으로 계속 의정활동을 이어가게 되었다.

나의 2기 영도구 의정 역시 발로 뛰는 활동의 연속이었다. 민원이 있는 곳이면 지역구 불문하고 영도 전역을 뛰어다녔다. 한눈팔지 않고 불의와 타협하지 않았으며, 오로지 주민 편에서 서서 주민의 대리인 자격에 부끄럽지 않게 집행부를 감시하고 견제했다.

제선에 성공한 2014년 8월, 광복주간을 맞아 행한 '일본 평화헌법 파괴 저지를 위한 국토종단 도보 행진'에 참여한 일이 유난히 기억에 남는다. 4일간 진행된 순례 구간은 충남 천안 독립기념관-서울

백범기념관 130킬로미터 구간이었다.

2기 의정활동은 1기 활동을 바탕으로 모자란 사안은 더 채우고 빠진 사안은 찾아내 대안을 모색하여 제시했다. 그것은 관련 조례의 제정 또는 개정으로 결실을 보았다.

취약계층 주택용 소방시설 지원에 관한 조례 제정이 대표적이다. 주민과 함께 이룬 성과도 있다. 수변공원 인근에 들어서려는 아스콘 공장의 입주를 막아낸 것은, 주민의 쾌적한 주거권을 지킨 대표적인 사례다.

나는 그 밖에도 흰여울마을 교회 신축 관련 민원, 태종대 성당 앞빌라 신축 민원 등을 중재하고 해결하는 데 앞장섰다.

특히 봉래산 체육공원 세면대 설치 사업이 기억에 남는다. 나는 온 구민의 쉼터이자 체력단련장에 세면대가 없어서 크게 불편을 겪는 걸 보고 세면대 설치 사업에 나섰다. 집행부를 상대로 수차례 예산 확보를 위해 노력했지만, 번번이 무산되었다. 나는 끝까지 포기하지 않고 문제를 제기한 끝에 어렵사리 예산을 확보하여 세면대 설치를 실현함으로써 구민 불편을 해소하였다.

남해해양경찰 특공시설 건립 문제 제기

* * *

영도구민의 애환과 영도의 역사를 고스란히 품어온 봉래산. 그 봉래산에서 오랫동안 '만남의 광장' 역할을 해오던 옛 해사고 부지에 남해해양경찰 특공시설 건립 계획이 발표되었을 때, 주민들은 깊은 상실감과 분노를 느낄 수밖에 없었다.

왜 영도에만 주민들이 기피하는 시설들이 반복해서 들어오는 것인지, 왜 주민의 삶과 역사는 늘 행정의 뒷순위로 밀려나는 것인지에 대해 주민들과 함께 문제를 제기하며 곳곳에서 철회 집회를 이어갔다.

수개월 간 이어진 주민들의 목소리와 끈질긴 요구 끝에, 정부는 계획을 일부 조정하게 되었다. 특공시설은 주거지에서 더 멀리 떨어진 위치에 건립하는 것으로 변경되고, 그동안 만남의 광장 역할을 해온 운동장은 주민들이 다시 편하게 이용할 수 있는 공간으로 재편되었다.

주차장과 실내체육관, 각종 체육시설을 복합적으로 조성하여 언제든 주민들이 찾아와 쉬고, 만나고, 생활할 수 있는 진정한 주민 중심의 휴식공간으로 활용하기로 결정되었다.

이런 일련의 과정은 행정의 일방통행이 아닌, 주민의 목소리가 계획을 바꿀 수 있다는 것을 보여준 소중한 경험이었고, 영도는 그렇게 또 한 번 스스로 가치를 지켜냈다.

동삼하리지구 도시개발사업 문제 제기

＊＊＊

부산 영도구 동삼동 동삼하리지구 도시개발사업은 애초에 부지가 문화재 보호구역으로 묶여 있는 등 여러 가지로 문제가 많았다. 2015년 1월 8일, 나는 영도구의회 복지건설위원장으로서 구정 질문을 통해 여러 문제점을 조목조목 따지고 시정할 것을 촉구했다.

복지건설위원장 박성윤 의원입니다.

본 의원은 영도구민의 많은 기대와 함께 영도의 랜드마크가 될 동삼하리지구 도시개발사업의 성공적 완성을 진심으로 바란다는 것을 말씀드리며, 이를 위해 하나의 문제점도 없이 추진하기 위해서는 많은 고민과 준비가 선행되어야 한다는 것입니다.

이와 관련해 동삼하리지구 도시개발사업으로 조성된 개발용지를 복합개발사업으로 추진함에 있어 민간자본을 유치하여 대규모 초기 투자재원을 민간부분 효율성과 공공부분의 공익성을 내세워 우리 구가 주식회사 소니엘 코리아, 주식회사 교보증권과 공동으로 출자하여 특수목적법인 설립을 추진함에 있어 문제점을 제시하고 질문을 드리도록 하겠습니다.

먼저 지난 236회 정례회에서 특수목적법인 설립 및 출자 등에 관한 법적 근거를 지방공기업법 제77조 3의 규정을 들어 조례가 제정되었습니다. 조례 제정 당시에도 지방공기업법 제77조 3의 규정은 지방재정 확충 및 건전성 강화를 위하여 국정과제 제104호의 이행법률로 2014년 3월 24일 새롭게 제정되어, 2014년 9월 25일부터 시행되고 있는 지방자치단체 출연·출자기관의 운영에 관한 법률 부칙 제10조에서 본 조례 제정 근거인 제77조 3의 규정은 삭제되어 있었습니다.

하지만 집행부에서는 지금까지 국정과제 제104호의 이행법률이 시행되는 9월 25일 이전에 특수목적법인이 설립되면 문제가 되지 않는다고 하였습니다. 그렇다면 현재 상태로 추진하는 것보다는 국정과제 제104호의 이행법률이 9월 25일부터 공표되어 시행되고 있는 바, 이미 폐지된 종전의 법에 의거 시행된 조례는 폐지하고 2014년 6월 26일 시달된 국정과제 이행법률에 따른 표준 조례를 제정하여 특수목적법인을 다시 추진해야 하지 않을까 생각하는데, 이에 대해 집행부의 합당한 답변을 요구합니다.

다음으로 앞에서 언급하였지만, 동삼하리지구 도시개발사업을 위해 소니엘 코리아, 교보증권 등과 함께 우리 구가 공동으로 1억 원을 출자하여 특수목적법인을 설립하여 복합개발사업을 추진하겠다고 되어 있습니다.

그리고 우리 구가 특수목적법인에 참여하는 목적이 인·허가 및 행정을 적극적으로 지원하여 난개발을 막고 우리 구의 지역 특성에 맞게 개발하기 위함이라 말하고 있습니다.

하지만 실제로 참여하여 사업이 시작되면 우리 구의 뜻대로 진행될 수 있을까, 의문입니다. 기업들의 속성대로 수익을 창출하기 위해서는 아무리 우리 구의 입맛에 맞는 개발 방향을 제시해도 결국에는 설계 변경을 통하여 수요자의 욕구에 맞게 변경될 수밖에 없을 것으로 생각합니다.

또한 특수목적법인 설립의 법적 근거인 조례가 제정될 때, 향후 출자동의안 제출 시 1단계 자금 550억 원에 대해 우리 구에서 선투자 형식으로 신용보증을 서도록 한 부분에 대해 다른 출자기업에서도 일부 금액을 같이 투자하는 방식으로 보증할 수 있도록 투자확약서에 명기하여 우리 구의 위험 부담을 줄일 방안의 안전장치를 마련하든지, 아니면 투자 유치가 안 될 경우를 대비하여 교보증권 대주주인 은행권에 투자 확약 부분에 대한 보증을 이행할 수 있는 조치를 마련하여 출자동의안을 제출하도록 요구하였으나, 아무런 보증 보강 없이 우리 구의 550억 원을 신용보증으로 출자 동의를 의회에 요청하고 있습니다.

특수목적법인을 설립하여 동삼하리지구 복합개발사업을 진행하면서 공동주관사인 주식회사 소니엘 코리아와 주식회사 교보증권의 총사업비 2,580억 원 자금조달 계획을 들여다보면, 우리 구에서 먼저 550억 원 신용보증으로 마련한 출자금으로 도시개발공사에 토지매립비용을 지급하고 나머지 자금으로 사업계획을 수립해서 공격적인 마케팅을 통한 홍보활동비를 투입하여 내년 중반까지 펀드 형식으로 민간투자자를 통하여 1,470억을 조성하여 우리 구 550억 원의 투자금을 상환하겠다는 것입니다.

우리 구만 일방적으로 투자한 자금으로 복합개발사업을 시작하여 사업이 계획대로 진행되지 않아 민간투자금이 조성되지 않고 사업 성공 여부가 불투명하여 함께 설립한 소니엘 코리아, 교보증권 등이 사업을 중단하고 철수라도 한다면 어떻게 하겠다는 것입니까? 무늬만 공동투자인 이런 형태의 투자안이 어떻게 공동투자라 할 수 있는지 묻지 않을 수 없습니다.

만일의 사태에 대비하여 우리 구의 투자금 550억 원을 환수할 수 있는 시행업체들의 보증확약서와 같은 안전장치를 마련하라고 수차례 요구하여도 담당 부서에서는 안전장치라는 게 '사업이 반드시 성공할 것이다' 라는 막연한 답변뿐이니 답답하기 그지없습니다.

우리는 지난 4년 전 싱가포르 국제학교 러닝센터의 사례를 되짚어 보지 않을 수 없습니다. 당시 싱가포르 국제학교 러닝센터를 유치하고 개원하는 과정에서도 의원들의 숱한 우려와 문제 제기에도, 국제학교를 5년 안에 유치하겠다고 장담하였고 잘못되면 책임까지 지겠다고 하면서 안이한 추진으로 인한 결과, 1억 원의 예산 낭비는 물론이거니와 국제학교는커녕 2차 피해자까지 양산하여도 어디 책임지는 사람 한 사람이라도 있었습니까?

싱가포르 러닝센터의 사례를 인용하는 것이 다소 무리라고 생각될지 모르나 1억 원이 아니고 550억 원입니다. 현실이 이러한데 왜 엄청난 위험 부담을 안고 참여하려고 하는지 이해할 수 없으며, 동삼하리지구 매립 완공 시기가 빨라야 내년 초이며, 아직 공사예정부지도 완공되지 않았습니다.

우리 구의 자금 550억 원을 투자하여 도시개발공사 토지매립 비용을 지급하고 나머지 자금으로 우리 투자금 550억 원에 대한 이자까지 내면서 사업을 시행하는 것이 과연 올바른 방법인지 묻고 싶습니다.

본 의원은 지난 15일자 국제신문 경제면에 "해안가 노른자위 땅 개발사업에 투자하세요"라는 슬로건으로 국토해양부에서 전국 투자 최적지 16곳을 선정하여 지난 15일 서울건설회관에서 투자설명회를 개최하였다는 신문기사를 보았습니다.

특히 투자 최적지 16여 곳과 부산, 울산, 경남 대상지 5곳을 살펴보면 동삼하리지구가 다른 어느 곳보다 입지조건이나 투자가치가 우수하다고 판단됩니다.

태종대, 영도다리, 해양박물관이 있고, 부산항대교가 개통됨으로써 접근성마저 갖춰져 있는 동삼하리지구가 한 번이라도 기사화되거나 정부 주관하에 투자를 유치할 수 있도록 홍보된 적이 있습니까?

우리 구에서도 기존에 추진해온 방식만 고집할 것이 아니라, 다른 지역보다 투자 여건이 뛰어난 이곳을 우리 구가 그동안 축적된 동삼하리지구 개발계획을 잘 홍보하여 정부 주관으로 투자설명회를 개최하는 쪽으로 검토해볼 수도 있지 않을까 생각합니다.

집행부에서는 이에 대해 진실하고 합당한 답변을 주시기 바라며, 동삼하리지구 개발사업의 성공적 사례를 주민들에게 돌려주고 지역 발전을 끌어낼 수 있도록 문제점에 대해 원점에서 다시 면밀히 검토해 줄것을 강력히 촉구하며 구정 질문을 마치겠습니다.

과연 나의 염려대로 사업 과정은 살얼음판 위를 걷듯 아슬아슬했고, 사업 전망마저 불투명하게 흘러갔다. 동삼하리지구 도시개발사업자들은 수차례 납부기한을 연장하고도 보증금 18억 원을 못 내고 있어 3,000억 원의 사업비 조달능력에 의구심이 들었다. 그런데도 영도구청은 사실상 사업이행능력이 없는 사업자를 두둔했다. 영도구의회는 당장 사업협약을 해지해야 한다는 결의문을 채택했다. 영도구와 S사가 맺은 사업협약에는 납부기한 내 이행보증금을 내지 못하면 협약을 해지할 수 있다고 규정하고 있다.

영도구의회에서는 내가 위원장으로 있는 복지건설위원회 주도로 '동삼하리지구 복합개발사업을 전면 재검토하라' 는 내용의 결의문을 채택하며 구청을 압박했다.

이렇게 구의회의 반대로 제동이 걸린 동삼하리지구 복합개발사업은 사실상 중단되었다.

동삼하리지구 복합개발사업은 애초에 민자 유치로 추진되어야 했지만, 사업부지가 문화재 보호구역으로 지정되어 민간투자를 끌어내지 못하는 한계를 안고 있었다. 이러한 상황에서 행정부는 자본금 수천만 원에 불과하고 설립된 지 얼마 되지 않은 업체를 우선 협상 사업자로 선정하여 사업을 추진하려 했다. 더 큰 문제는, 재정 여건이 열악한 영도구가 이 업체에 대해 500억 원 규모의 신용보증을 제공하자는 요구안이 제시되었다는 점이다.

구의회는 이 안이 영도구 재정에 치명적인 부담을 지울 수 있다고 판단하고, 충분한 검토 끝에 동의할 수 없다는 입장을 분명히 밝혔다. 그 결과 행정부와 의회 간의 갈등은 수년간 이어졌지만, 구의회는 끝까지 원칙을 지켰다.

이 사안은 결국 정부 감사로까지 이어졌고, 그 과정에서 행정부는 질책을 받았으며, 구의회는 재정을 지켜낸 판단에 대해 긍정적인 평가를 받았다.

이후 문화재청과 오랜 논의 끝에 2017년 문화재 보호구역이 일부 해제되면서 민자 유치가 가능해졌고, 매립 비용 320억 원, 토지 대금 550억 원에 컨소시엄 방식으로 낙찰이 이루어졌다. 그 결과 약 230억 원의 재정적 차익이 발생하였고, 영도구는 이 재원을 바탕으로 도로 확장 등 지역의 여러 현안 사업을 해결할 수 있었다.

만약 당시 구의회가 무리한 행정부 안에 동의했다면, 영도구 재정은 심각한 위기에 처했을지도 모른다.

이 사례는 구의회가 행정부를 견제하고, 구민의 재산과 미래를 지켜내는 역할이 얼마나 중요한지를 보여주었다.

남·북항 연결 고가도로 문제 제기

✳ ✳ ✳

역세권도 없고 교통 여건이 열악한 영도에, 지역과는 무관한 남·북항 연결 고가도로 건설 계획이 추진되었다.

애초 계획은 고가도로 방식으로, 하부 공간 도로 폭이 35미터에 불과해 주민 생활과 해양 경관을 심각하게 훼손할 우려가 있었다. 이에 주민들과 함께 고가도로가 아닌 지하차도 건설을 촉구하며 장기간에 걸쳐 항의 집회와 문제 제기에 나섰다.

비록 지하차도 방식이 최종 관철되지는 못했지만, 지속적인 요구와 협의를 통해 고가도로 하부 공간 도로 폭을 기존 35미터에서 60미터로 확대하는 성과를 끌어냈다.

그 결과 해당 공간을 단순한 통행로가 아닌, 주민들을 위한 친수공원과 열린 공간으로 바꾸도록 함으로써 영도의 생활환경 개선과 해안 공간 활용에 의미 있는 전환점을 마련하는 데 중요한 역할을 다했다.

02

부산시의원 4년
그리고 구청장 출마

광역의원은 기초의원일 때보다 지역 발전을 위해
할 수 있는 일이 더 많고 예산 확보 측면에서
운신의 폭이 훨씬 컸다.
나는 가능한 범위 내에서 영도구와 부산의 발전을
위한 일이라면 뭐든 발 벗고 나섰다.
나는 더 커진 역할과 권한을 오롯이 시민을 위해 썼다.
그것이 나를 살뜰히 내조하는 아내의 뜻이기도 했다.

원칙과 소신으로 당선된 시의원

＊＊＊

2018년, 나는 8년간의 성공적인 구의회 의정활동을 마치고 그 경험을 바탕으로 좀 더 큰일을 하기 위해 영도를 지역구로 하는 부산광역시의회 시의원 선거에 나섰다. 나는 영도구 내 지역구를 넘어 영도구 전체의 발전과 미래 비전을 내세워 시의원 출마에 나설 참에 구의회에서 구의원으로서 소임을 마치는 소회를 출사표 삼아 인사말을 남겼다.

반갑습니다. 박성윤 의원입니다.

지난 8년간 이 단상에 섰던 것이 오늘 마지막이 되니 만감이 교차합니다. 머리가 찡하고 가슴이 뭉클합니다. 존경하는 영도구민 여러분, 그리고 영도의 변화를 추구하고자 함께 하였던 한영현 의장님을 비롯한 영도구의회 동료 의원 여러분! 고맙습니다.

또 영도구 발전을 위하여 역할의 대척점에서 울고 웃고 상생하면서 함께해온 어윤태 구청장님, 그동안 수고하셨고 진심으로 감사합니다. 그리고 주민의 선택을 받아 의회에 입성한 본 의원이 잘하는 것도 있었지만 때로는 눈살을 찌푸릴 수 있는 무모한 문제가 제기되어도 이해하면서 묵묵히 일하며 지켜봐 주신 600여

집행부 공무원들께 깊이 미안하고 감사합니다.

본 의원은 경남 고성에서 12남매의 막내로 태어나 1960년도 초반에 부모님을 뒤로한 채 큰형님의 손을 붙잡고 7남매가 영도에 정착하여 삶의 터전으로 생각하고 50여 년을 살아왔습니다. 격동의 세월 속에서 나름의 철학과 변화의 물결을 지향하며 2010년 제6대 지방선거에서 영도구민의 부름을 받은 이후 7대를 거치며 영도의 발전을 위해 구민의 소중한 뜻이 잘 전달될 수 있도록 현장 중심의 의정활동을 펼치고자 노력해왔습니다.

영도는 본 의원 인생의 출발역이었는데, 또한 종착역도 되리라고 생각합니다. 이제 저는 지난 50여 년간 영도의 변화와 함께하고 8년간의 의정활동 속에서 축적된 그동안의 경험을 바탕으로 더나은 영도의 미래를 열어가는 데 그 어떤 역할이라도 해야 한다는 큰 사명감을 띠고 구의원직을 사퇴하고 새로운 길을 가려고 합니다. 그 길을 선택받게 된다면 600여 공무원 여러분과 영도구민들의 바람을 실천하라는 명령이라 되새기며 최선을 다하겠습니다.

천혜의 자연환경을 바탕으로 그 어느 곳보다 역사와 문화가 살아 숨 쉬고 있는 영도의 밝은 내일을 위하여 큰 희망을 만들어나가겠습니다. 지난날의 의정 경험을 살려 장기적이고 발전적인 안목으로 영도 발전을 선도하며, 열린 의정 구현과 초심을 잃지 않는 참된 봉사자로서 역할을 충실히 수행하겠습니다.

영도의 미래를 짊어지고 주민의 편에 서서 꼼꼼히 챙기고 비전을 제시하며 더욱 깊고 넓은 길을 걸어가겠습니다. 저는 이 단상에 서서 하는 마지막 다짐을 가슴에 새기며 그 어디에 있더라도 영도를 사랑하는 마음으로 끝까지 책임을 지는 정치인으로 남겠다는 다짐과 약속을 다시 한 번 드리겠습니다.

부산시의회에 심은 혁신의 DNA

＊＊＊

나는 태종대권 종합개발, 중리 연안 개발, 동삼동 하리지구 복합개발사업, 국제 크루즈 터미널 활성화, 영도의 지방항 지정 등을 공약으로 내걸고 시의원에 당선되었다.

광역의원은 기초의원일 때보다 지역 발전을 위해 할 수 있는 일이 더 많고 예산 확보 측면에서 운신의 폭이 훨씬 컸다. 나는 가능한 범위 내에서 영도구와 부산의 발전을 위한 일이라면 뭐든 발 벗고 나섰다. 나는 더 커진 역할과 권한을 오롯이 시민을 위해 썼다. 그것이 나를 살뜰히 내조하는 아내의 뜻이기도 했다.

지역 언론은 나를 "원칙과 소신을 기반으로 영도 발전에 박차를 가하는 부산시의원"으로 소개했다. 나는 언론과의 당선 인터뷰에서

"영도구의회 재선 의원을 역임한 시의원으로 첫걸음을 내디뎠다. 영도의 구민이자 영도 발전에 최선을 다하고자 하는 지역일꾼으로서 여태껏 열심히 잘 해왔고, 앞으로도 잘 부탁한다"고 소감을 밝혔다.

[문] 당선 소감을 한마디 하신다면요?

▶ 제가 선거 과정에서 구민들께 정말 잘하겠다고 말씀드렸습니다. 하지만 당선이 되고 잘 해낼지도 걱정이 되면서 책임감도 상당히 많이 느끼고 있습니다. 하지만 믿어주신 만큼 구민들의 기대에 부응하도록 최선을 다하고 또 다하겠습니다.

[문] 정치 입문 계기는 무엇인지요?

▶ 노무현 대통령이 퇴임하고 정권이 교체되면서 순식간에 정의가 무너지고 불의가 판치는 세상으로 변했습니다. 그런 세상 속에서 나름대로 그 어떠한 역할이라도 해야겠다는 일념으로 정치를 시작했습니다. 처음엔 열린우리당에서 정당 활동을 시작했지만, 그보다 더 진보적인 성향의 국민참여당 소속으로 2010년 지방선거에 나서 구의원으로 당선되었습니다. 그 이후로 꾸준히 정치의 길을 걷고 있습니다.

[문] 선거에서 애로사항이나 기억에 남은 순간이 있었다면요?

▶ 애로사항으로는 당내 경선 문제가 상당히 어려웠다는 것입니다. 특히 저는 정치술 같은 건 아예 모르고 그저 주민들에게 열심히 노력하는 모습을 보이면 충분히 공천받을 수 있다고 생각했습니다. 하지만 그건 오산이었어요. 제가 주민의 전폭적인 지지를 바탕으로 세 번째 출마한 선거임에도 불구하고 공천과정에 애로사항이 많았던 것으로 기억합니다. 가장 기억에 남았던 건 불공정한 경선의 낌새를 눈치채고 '불공정 경선을 중단하라'며 시당에 가서 농성한 것입니다.

[문] 초선 의원들의 의회 운영을 우려하는 시각에 대해 말씀하신다면요?
▶ 2010년도에 구의원으로 정치를 시작했을 때 초선 의원들의 의회 운영을 우려하는 시각들이 있었습니다. 하지만 정치라는 것은 철학과 소신만 뚜렷하면 전혀 문제가 없다고 생각합니다. 그래서 제가 오히려 초선 의원으로 활동했을 당시 철학과 소신을 바탕으로 의정활동을 잘해왔기 때문에 세 번째 선거도 무사히 당선되어 이 자리까지 왔다고 생각합니다. 또 요즘 젊은 의원들은 워낙 빨리 깨치는 명민함과 역량을 갖춘 인재들이어서 별로 염려할 바 아니라고 봅니다.

[문] 자신만의 경쟁력이 있다면요?
▶ 저는 한번 옳고 그름을 판단하게 되면 거침없이 밀어붙이는 스타일입니다. 또 늘 당당한 목소리를 내며 이 자리까지 왔습니다. 그게 더불

어 사는 제 인생의 원천이 아닌가 하는 생각도 듭니다. 또 그런 성격을 지녀서 어딜 가나 주변에서 꼭 듣는 말이 있습니다. 너무 강해 보인다는 겁니다. 그럴 수도 있지만, 알고 보면 솜사탕처럼 부드러운 남자입니다. 그래서 사람을 첫인상으로 단정 짓는 건 좋지 않다고 생각합니다. 나만의 경쟁력이라면 결단력과 추진력입니다. 뭐든 한번 결정하면 며칠간 잠을 안 자더라도 꼭 해내고 마는 기질이 있습니다. 그런 기질 덕분에 오늘 이 자리까지 오게 된 게 아닐까, 생각합니다.

[문] 정치인이 지녀야 할 덕목이나 자질을 든다면요?

▶ 제 주위에 정치인을 지망하거나 이제 막 정치를 시작한 후배들이 있습니다. 나는 그들에게 늘 '휘둘리지 마라' , '눈치 보지 마라' 라고 얘기하곤 합니다. 당당한 소신과 철학을 가지고 지킨다면 스스로 당당해질 것이고, 어떤 일이든 못할 일이 없다고 생각하기 때문에 원칙과 소신을 가장 중시하고 있습니다.

[문] 영도구민들에게 주시고 싶은 말씀이 있다면요?

▶ 이번 선거는 '부산과 영도의 변화를 만들어내자' 는 구민들의 바람이 표심으로 이어져 승리를 안겨준 선거라고 생각합니다. 우리 영도는 지난 30년 전만 하더라도 사람 살고 싶은 도시였습니다. 하지만 지난 30년 동안 대한민국 최고의 자연경관을 가졌음에도 불구하고 영도

정서와 특징에 맞는 특화된 도시의 인프라 구축이 전혀 없었습니다. 그래서 구민들께서도 변화를 선택하신 거라고 믿습니다. 그런 바람에 부응하여 영도와 부산의 발전에 최선을 다하겠다는 말씀을 드리고 싶습니다.

부산시의회 도시안전위원장

* * *

2018년 부산시의회에 입성한 이후 나는 여러 숙원 사업의 예산을 확보해 주민 불편을 해소할 수 있었다. 주민 불편이나 위험 상황이 있는 곳이면 어디든 달려가 작은 시설이나 사안 하나까지도 꼼꼼히 챙겨 해결하고자 했다. 현장을 가장 잘 아는 사람만이 할 수 있는 생

활정치의 실천이었다.

무엇보다 나는 도시안전위원장을 맡아 시민 안전에 관한 현안을 두루 살피고, 숙원 사업을 적극적으로 추진하여 많은 성과를 내 시민의 일꾼으로서 능력을 널리 인정받았다.

도시재생 뉴딜사업 추진

＊＊＊

무엇보다 파급력이 큰 사업은 내가 부산시의회 도시안전위원장으로서 추진한 도시재생 뉴딜사업이었다. 2019년, 부산시 16개 구·군 가운데 영도구가 유일하게 경제기반형 도시재생사업에 선정되는 성과를 이뤄냈다. 2022년까지 뉴딜사업이 선정되었지만, 경제기반형 도시재생사업 선정은 자치구로서는 영도구가 유일했다.

이 사업은 기초지자체 차원에서는 비교적 큰 규모로 국비 250억 원, 시비 250억 원에 더해 민간투자 1,350억 원이 연계된 총 1,850억 원이 소요되는 사업으로, 대평동 일대 수리 조선산업 활성화와 지역 경제 회복의 기반을 마련하는 의미가 있었다.

부산 도시재생 프로젝트는 이미 10년 전부터 계획되어 진행되었지만, 별 성과를 내지 못하고 있었다. 그래서 이제는 원주민이 고향을 지키는 '진짜 재생'을 할 때라고 판단한 나는 사업 성과를 내기 위해 발로 뛰었다.

부산은 한국에 도시재생 개념이 정착하는 계기를 제공했다. 우리 나라 도시재생의 본격적인 도입은 2010년대 초반쯤이다. 당시 창조 도시의 모범으로 알려진 일본 요코하마를 모델로 부산시가 창조도 시본부를 설립하고 '산복도로 르네상스'와 '행복마을사업'이라는 한국 최초의 재생프로젝트를 시작했다.

내가 부산시의회 도시안전위원장으로 활동하기 시작한 때가 부 산의 도시재생 프로젝트가 10년을 맞아 전환점을 맞이한 시점이었 다. 원주민의 이주를 촉발하는 재개발이 아니라 정주를 목표로 한 재생, 관이 아닌 주민이 주도하는 도시재생으로 발전시켜야 한다는 목소리가 비등했기 때문이다.

나는 이런 여론을 등에 업고 지역의 자산·자생력·사람을 중심 으로 하는 진짜 재생을 기안하고 추진했다. 그래야만 도시재생을 국가 지원금 때문이 아니라 지역 공동체의 다양한 경험으로 촉발된 도시재생 사례가 이어질 수 있기 때문이다.

부산에서 도시재생사업이 시작되었을 때만 해도 대형 빌딩과 아 파트 위주로 형성되는 재개발 사업이 주를 이루었고 그것만이 도시 재생사업인 줄 착각한 부분도 컸다. 기존의 도시를 그대로 살리는 도시재생사업과 조화와 균형은 중요하게 고려되지 않았다.

그래서인지 도시재생은 대체로 각 도시의 도시계획과 무관하게 진행되는 측면이 있었다. 규제와 관리에 소홀한 채 단기 개발이익을 목표로 하는 건설사와 개발사, 투기세력과 시민의 자산 가치 증식의 욕망이 어우러져 그 도시와 어울리지 않는 도시재생이 도심 곳곳에서 벌어지는 일이 다반사였다. 도시의 특성과 역량 그리고 다양한 중심성에 바탕을 두고 문화를 적극적으로 상상하고 생산하는 도시재생은 없었다.

도시안전위원장으로서 나는 이런 성찰을 바탕으로 부산만이 가질 수 있는 진짜 도시재생 프로젝트를 추진하여 숱한 성과를 냈다.

부산시 보훈 문제 제기

＊ ＊ ＊

2018년 9월 12일, 나는 부산시의회 제272회 임시회에서 5분 자유발언을 통해 부산시 보훈 현실에 정면으로 문제를 제기했다.

대한민국을 위해 목숨 바쳐 희생한 국가 유공자, 그중에서도 전쟁의 한복판을 온몸으로 겪어낸 참전유공자에 대한 예우가 과연 이 도시에 걸맞게 이루어지고 있는가 하는 질문에서 출발했다.

당시 부산에는 부산에 본적을 둔 독립유공자 120명을 포함해 6만

2,600여 명에 이르는 보훈대상자가 있고, 광복회를 비롯한 13개 보훈단체와 154개 지회가 도시 곳곳에서 활동하고 있었다.

부산시는 보훈단체 지원, 유공자 발굴, 현충 시설 관리, 각종 보훈 행사 추진 등 보훈 선양을 위해 2018년만 해도 181억 원의 예산을 편성하는 등 적지 않은 노력을 기울여왔다.

그러나 그 방대한 업무를 실제로 담당하던 공무원은 단 한 명뿐이었다. 예산은 수백억 원인데 행정은 사실상 '1인 담당'에 맡겨져 있다는 현실은 보훈을 대하는 부산시의 민낯이었다.

나는 이 구조가 바뀌지 않는 한 어떤 정책도 형식에 그칠 수밖에 없다고 판단했다. 5분 발언을 통해 이 문제를 공개적으로 지적하고 보훈 행정 전담 조직을 신설할 것을 강력히 촉구했다.

그 결과 2019년, 보훈 담당 주무관을 포함한 전담 보훈 업무팀이 신설되었다. 작아 보일지 모르지만, 보훈 행정이 '개인의 책임'에서 '조직의 책임'으로 전환되는 중요한 변화였다.

또 하나 외면할 수 없었던 과제가 참전명예수당 문제였다. 당시 부산시는 참전유공자에게 매월 8만 원의 참전명예수당을 지급하고 있었지만, 타 시·도의 대다수는 이미 10만 원을 지급하고 있었다.

부산의 참전명예수당 지급 대상자는 1만 5천여 명. 형평성과 예우의 관점에서 더 미룰 수 없는 과제였다. 나는 반복해서 문제를 제기했고, 결국 이듬해 32억 원의 예산을 추가로 확보해 참전명예수당을 매월 10만 원으로 인상하는 결실을 보았다.

보훈은 시혜가 아니다. 국가를 위해 모든 것을 바친 이들에 대한 최소한의 책임이자 약속이다. 이 발언과 그 이후의 변화는 크게 드러나지 않았을지 모르지만, 누군가는 반드시 짚고 넘어가야 할 문제였고 나는 그 역할을 회피하지 않았다.

이것이 내가 시의원으로서 보훈을 대하는 자세였고, 지금까지도 변함없이 지켜오고 있는 정치적 기준이다.

'예산 먹는 하마' 민자 유료도로 문제 제기

* * *

2018년 12월 3일, 나는 도시안전위원장으로서 민자 유료도로에 대한 차기년도 예산 전액 삭감을 선언하고 나섰다.

최소운영수입보장(MRG, Minimum Revenue Guarantee)**으로 운영되고 있는 백양산 터널과 수정산 터널을 사례로 당초 사업비를 훨씬 넘어선 통행료 수익과 시 재정 지원이 이뤄지고 있음을 지적했다. 이에 나는 도시안전위원회의 이름으로 이에 대한 협약서 변경을 요구하며 예산 전액 삭감을 선언한 것이다.**

각각 2000년 1월, 2002년 4월에 개통한 백양산 터널과 수정산 터널은 매커리가 민간투자사업으로 추진한 유료도로로 25년간 MRG 방식으로 운영되어왔다. 여기에 각 사업비 893억여 원과 1,280억여 원이 투입되었는데, 이 가운데 백양산 터널은 전액, 수정산 터널은 772억 원을 매커리가 투자했다.

도시안전위원회는 당시 시 재정이 열악했으므로 민간투자사업으로 추진했다 해도 시민의 부담에 대해 면밀한 검토 없이 추진됐기 때문에 민간투자업자의 배만 불리는 실정이라고 지적했다. 최초 사업비 가운데 백양산 터널과 수정산 터널이 아직 7~9년여 운영 기간이 남아 있음에도 이미 투자비용 대비 통행료 수익 및 시 재정지원은 투자비의 400%를 넘었다는 사실을 근거로 들었다.

또 최초 협약 시 자기자본비율을 자키지 않고 준공 이후 바로 자본 구조를 변경해 운영 부실과 과다 금융차입 문제를 일으키고 있으나 여기에 시는 아무런 대처도 하지 않았다고 지적했다. 금융차입금으로 인한 비용 증가로 MRG 부담금이 커지고 과도한 이자 비용 부담이 유발돼 민간투자기업에 또 다른 수익이 되고 있다. 게다가 민간투자사(MKIF)는 자기자본이 최소화돼 법인세도 거의 내지 않는 것으로 확인됐다.

이에 시가 차기년도 개정법률에 대비한 합리적 대책과 민자 유료도로에 대한 실시협약서 변경 등 적극적인 관리 방안을 강구하기 전까지 두 터널의 차기 연도 재정지원금 129억 원 전액 삭감할 것을 요구하면서 나는 다음과 같이 강력히 촉구했다.

> 최초 계약인 협약서 작성 시 정책실명제를 통해 충분한 사전검증으로 혈세 낭비가 이뤄지지 않도록 해야 합니다. 또 유료도로뿐 아니라 다양한 방식으로 추진되는 민간투자사업에 대한 실시협약서 일체를 재점검해야 합니다. 부산은 전국에서 최고 많은 유료도로 6개를 가진 도시로 앞으로 더 많이 생길 예정인 만큼 사회기반시설에 대해선 시 재정사업으로 추진하는 것을 원칙으로 해야 합니다. 최소 25~30년 뒤 시로 관리권이 이전된다 해도 이미 시설 노후화로 유지보수 비용이 위탁관리비만큼 소요될 것으로 보이니 이에 대한 대책을 마련해야 합니다.

교육 행정에 부산남고 이전 책임을 묻다

＊＊＊

2020년, 당시 부산시 교육감은 인구 감소와 학생 수 감소라는 단 하나의 이유만을 앞세워 원도심의 유일한 공립고등학교인 부산남고 이전 계획을 일방적으로 발표했다.

교육감은 설명과 설득이라는 최소한의 책무조차 외면한 채, 결정을 먼저 내리고 지역사회에 통보하는 방식으로 사안을 처리했다. 이로 인해 영도 주민이 거센 반발한 것은 결코 우연이 아니었다.

주민들이 문제 삼은 본질은 학생 수 감소가 아니라 오랜 기간 교육감이 방치해온 열악한 교육환경과 구조적 무책임이었다. 그런데도 교육감은 교육의 질을 높이고 학교의 경쟁력을 강화해야 할 자신의 책무를 외면한 채, 가장 손쉬운 선택인 '학교 이전'이라는 결론으로 문제를 덮으려 했다. 사실 학생 수 감소는 원인이 아니라 결과였다.

광역지원 제도 시행 이후 영도 지역 중학생은 고등학교 진학 시 지역을 넘어 학교를 선택할 수 있게 되었고, 그 결과 매년 약 100명에 가까운 학생들이 다른 지역 고등학교로 빠져나간 데 비해 다른 지역에서 영도로 유입되는 학생은 1~2명에 불과한 구조가 고착되었다.

이러한 현상은 자연 발생적인 결과가 아니었다. 교육감이 부산남고와 같은 학교의 시설 개선, 교육과정 개편, 학교 특성화 전략 마련에 책임 있게 나서지 않은 행정의 결과였다. 즉, 학생이 떠난 것이 아니라 교육감이 학교를 경쟁력 없는 상태로 방치해온 것이다.

그런데도 교육감은 '학생 수가 줄었다' 는 결과만을 앞세워 부산남고 이전이라는 결론을 정당화했다. 이는 명백한 행정 실패의 책임을 학교와 지역사회에 전가한 결정이며, 공교육을 지켜야 할 교육감으로서의 책무를 스스로 포기한 선택이었다.

당시 나는 시의회 후반기 교육위원으로서 주민, 학부모, 지역사회와 함께 '학교를 없앨 것이 아니라 살려야 한다' 는 원칙 아래 부산시의회 제292회 정례회 5분 자유발언을 시작으로 2년여에 걸쳐 교육감과 교육청을 상대로 끈질긴 논의와 협의 그리고 투쟁을 이어갔다.

나는 5분 자유발언을 통해 부산시교육청이 추진하는 부산남고의 '신설 대체 이전' 이 영도 주민으로서는 65년 지역사회와 함께해온 학교가 없어지는 것으로 사실상 폐교라며 부산시교육청의 추진과정의 문제점을 조목조목 지적했다.

첫째, 학령인구 감소를 폐교 정책으로 해결하고자 하는 부산시교육청의 시대에 뒤처진 교육행정에 관한 문제다.

국회에서도 과밀학급 문제가 공론화되어 '학급당 학생 수를 20명 이하' 로 명시한 법안이 발의된 상태이며, 이달 초 전국시도교육감협의회에서도 학급당 학생 수 감축을 위해 최소한 현재 수준의 학급수를 유지하도록 교육부에 촉구한 상황이다.

둘째, 부산시교육청이 추진하는 다행복교육지구 정책에 역행하는 행보다.

영도는 2018년 다행복교육지구로 지정되어 '다함께 행복한 꿈을 만드는 교육마을 영도' 를 비전으로, 열악한 교육환경을 변화시키고자 노력하고 있는 시기에, 유일한 공립 남고를 없애는 것은 교육청의 다행복교육지구 지정과 이율배반적인 정책이다.

셋째, 부산남고 재학생 학부모와 학생을 대상으로 한 설문 문항에 대한 부적절성이다.

부산시교육청은 "학생 수 급감으로 부산남고 교육과정에 어려움이 있습니다. 부산남고 존속을 위하여 강서구 신설 대체 이전하고자 하는데, 찬성입니까, 반대입니까?" 의 문구로, 교육청이 원하는 방향으로 응답을 이끌기 위해 의도적 문항을 설계하여 설문을 추진했다.

넷째, 부산남고 학생 수가 고등학교 적정규모 학교 육성 기준인 300명을 초과하는 상황인데도 무리하게 부산남고의 이전을 추진한 부산시교육청의 행정을 지적했다.
참고로, 현재 영도지역 중학교(중3은 642명, 중2는 644명, 중1은 709명) 및 초등학교 재학생만을 기준으로 살펴보더라도 향후 학생 수 감소 경향은 나타나지 않는다.

그 결과, 부산남고 이전 계획은 한 차례 백지화되었다. 이는 교육감의 일방적 결정을 주민의 힘으로 돌려세운 의미 있는 성과였다.

그러나 2022년 지방선거 이후 새로 취임한 교육감은 과거의 논의와 합의를 존중하지 않았다. 이미 백지화된 이전 계획을 다시 꺼내들었고, 주민설명회나 충분한 공론화 과정 없이 이듬해 서둘러 이전을 결정해버렸다.

이는 단순한 정책 변경이 아니다. 주민과의 신뢰를 스스로 저버린 결정이며, 원도심 공교육을 지켜야 할 책임을 회피한 명백한 직무유기다. 부산남고 이전은 교육 문제 이전에 교육감의 책임 회피가 만들어낸 졸속 행정 결과였다.

현장에서 답을 찾는 의정

* * *

나는 발로 뛰는 의정활동으로 현장에서 답을 찾는 시의회의 위상을 정립했다. 그 좋은 예로, 도시안전위원장으로서 위원회 소속 의원 전원이 참석한 가운데 '학장천 고향의 강 조성사업'에 따른 친수공간 조성 현황 및 시민들의 야간 이용 실태 등을 점검한 것이다.

'학장천 고향의 강 조성사업'은 하천 본래의 기능을 회복하고 시민 휴식과 여가 활용을 위해 친수공간을 조성하여 시민 삶의 질을 향상하기 위해 추진된 사업으로 7년간 총사업비 383억 원이 투입되었다.

현장점검은 오후와 야간 두 차례에 걸쳐 진행되었다. 이날 오후에는 사업 주무기관인 부산시와 이관기관인 사상구청과 함께 학장천 일원 현장실사를 통해 생태복원 및 녹색 생활공간 조성 여부 등을 점검하고 학장천 운영 전반에 대한 심층 면담을 실시하였다.

이어진 야간 점검에서는 저녁시간대 학장천을 방문한 시민들의 불편사항을 파악하고 학장천의 효율적 운영 및 주민친화형 사후관리 방안을 시와 구청에서 적극 강구할 것을 요청하였다. 주민의 건강한 문화 공간 활용 등으로 주민편익이 강화되고 외부 방문객들이 다시 찾고 싶은 학장천이 될 수 있는 적극적인 사후관리 이행을 촉구한 것이다.

나는 이 자리에서 "제8대 부산시의회는 시민과 소통하는 현장 중심의 혁신하는 의회로서 탈바꿈하고자 노력하고 있고, 그에 따라 우리 위원회에서도 현장에서 시민편익 증진을 위해 의원별로 노력하는 중이며, 이번 현장점검 이후에도 현장의 목소리를 직접 들어야 할 필요성이 있는 곳은, 주 · 야간 및 회기 중 여부와 관계없이 현장을 방문하여 의정활동에 반영할 계획"이라고 밝혔다.

행정사무조사 특별위원회 위원장

＊＊＊

나는 도시안전위원장에 이에 행정사무조사 특별위원회 위원장으로 활동하면서 시정의 투명성과 공정성을 높이고자 분투했다. 대표적으로는 2021년 3월, 건설 특혜 · 위법성 의혹 행정사무조사 특별위원회 조사 활동을 마치고 경과 보고서를 낸 것이다.

안녕하십니까? 부산광역시의회 건설 특혜 위법성 의혹 행정사무조사 특별위원회 위원장 박성윤입니다. 조사특별위원회 활동 경과 및 향후 계획에 대해서 브리핑하겠습니다.

현재 저희 행정사무조사특위는 지난해 언론을 통해 보도된 이 진베이시티를 비롯하여 부산시 각종 건설사업 전반의 특혜 의혹에 대한 조사 활동을 지속적으로 진행해오고 있습니다.

그동안 우리 특위는 수차례에 걸친 공식·비공식 조사 활동을 통한, 문서검증, 현장 방문, 관련 증인들에 대한 심문, 조사 과정에서 다음과 같은 사실을 밝혀냈습니다.

① 이진베이시티 지구단위계획 변경에 따른 주거비율 용적률이 50%에서 80%로 상향된 문제, 그리고 모든 인허가 과정이 다른 일반적인 인허가 과정과는 비교할 수 없을 정도로 빠른, 단 6개월 만에 졸속 처리된 특혜 의혹

② 개발이익 환원과 서구 관광 활성화 및 지역 주민을 위해 조성키로 한 주차장 200면은, 현재 사실상 부지확보 불가로 조성이 불가능하다는 문제

③ 개발자가 부담해야 하는 방재호안 건설을 서구청이 부담하도록 한 부분도 문제지만, 방재호안이 제4차 항만기본계획 고시에 따라 2025년에 완료가 가능한데 반해 입주 시기는 2022년 4월로 예정되어 있어, 향후 태풍 해일의 월파로 상습 침수 피해가 심각하게 우려되어 제2의 마린시티 침수 사태가 예견되며, 입주민 피해뿐만 아니라 재난복구 예산을 부산시민, 아니 대한민국 국민 전체

가 부담하게 될 것이라는 문제

　또 조사 활동 과정에서 각종 건설사업 인허가에 있어 결정적 역할을 하는 각종 도시계획, 건축 심의위원회 심의절차와 기준이 기업의 이익에 따라 고무줄식으로 적용될 수 있다는 점, 그리고 그 과정에서 누구보다 시민의 편에서 행정을 수행하여야 할 관련 일부 고위직 공무원들이 철저하게 기업의 편에서 공공의 이익에 반하는 행위를 지속해왔다는 점, 그리고 부산시는 제 식구라는 이유로 이러한 퇴직 공무원을 감싸고 개인정보보호법을 방패 삼아 정당한 의회의 조사 활동에 협조하지 않아 시민의 공분을 사고 있습니다.

　오는 22일 월요일, 특위는 다시 한 번 관련 인허가 담당 공무원이 출석하는 증인 회의 개최를 앞두고 있습니다. 이번 회의에서는 송도 이진베이시티뿐 아니라 최고높이 완화로 일조권, 조망권 침해를 일으켜 개발자의 이익을 위해 시민 간의 갈등을 부추긴 또 다른 형태의 특혜 의혹이 제보된 부산진구 개금 젠시티의 문제도 철저히 확인할 예정입니다.

　저희 특위는 향후 각종 위원회 결정사항에 대한 특혜 의혹이 제기되지 않도록 관련 규정을 명확히 하고 사전 절차 이행 및 관련 공직자의 윤리 의무 준수를 강화할 수 있는 장기적인 대책을 함께 마련하겠습니다.

부산시민 여러분!

뿌리 깊은 부산시의 건설행정 특혜 시비를 불식시키고 공정하고 투명한 행정을 통해 선량한 업체들이 기업 하기 좋은 환경을 만들고 그 이익의 일부는 반드시 공공이 함께 누릴 수 있도록 관련 조례 제정 등 제도를 마련하여, 진정 시민을 위한 부산시의 건설행정, 도시개발행정이 가능하도록 노력하겠습니다. 시민 여러분의 지속적인 관심을 당부드립니다. 고맙습니다.

영도구청장 선거에 도전

＊ ＊ ＊

2022년, 해양교통상임위원장 및 건설비리조사특별위원장으로 열정적인 의정활동을 펼친 나는 시의원의 책무를 마치고 영도구청장 선거에 도전하여 민주당 후보 경선에 나섰다.

존경하는 영도구민 여러분!

먼저 더불어민주당이 국민에게 희망을 드려야 하는데 저희가 부족하여 드리지 못한 점 죄송하고 또 죄송합니다.

그래서 저는 오늘 시의원 4년을 되돌아보며 오직 주민들만 보고 다시 시작하는 마음으로 영도구청장 선거 출마를 선언하기 위해 이 자리에 섰습니다.

2002년 노무현 대통령의 "시민이 참여하는 정치"라는 말씀이 마음속 깊이 다가와 민주당에 입당했습니다. 노무현 대통령이 퇴임하고 정권이 교체되면서 민주주의와 역사가 퇴행하는 상황에서 나름대로 작은 역할이라도 해야겠다는 일념으로 현실정치에 뛰어들었습니다.

다행히도 영도구민들의 선택과 사랑을 받으면서 제6, 7대 구의원과 제8대 시의원으로 12년간 민의를 대변해온 생활 정치인으로 활동해왔습니다.

이러한 경륜과 성과로 어린 시절 7형제가 영도에 정착하여 공동체를 이루어 살아온 제 인생의 시작과 종착지가 될 영도에서 마지막 봉사를 하고 싶습니다.

저 박성윤은 영도를 손금 보듯 꿰고 있고, 한다면 하는 강한 추진력으로 기초의원과 광역의원 12년을 활동하며 '구민의 눈높이에서 구민의 마음으로' 지역 현안과 문제점을 현장으로 뛰어다니며 해결했습니다. 주민들께서 "맡겨보니 진짜 잘한다"고 하신 말씀에 더 열심히 의정활동을 해왔다고 자부합니다.

영도는 자연적·인적 인프라가 훌륭하고 무한한 잠재력을 가진 자치구로서 부산을 견인할 수 있는 도시입니다. 그러나 지난 수십 년간 정치 권력의 독점으로 좋은 환경을 제대로 이용하지 못하고 인구가 감소하는 도시로 변했습니다. 저는 이런 영도를 변화시켜 사람 사는 세상으로 만들 자신이 있습니다.

중앙정부의 정책 결정 과정과 예산 배분 논리 등 지방정부의 행정역량을 최대한 끌어올리는 방식, 사업계획 수립부터 국비조달까지의 방법을 저는 제대로 알고 있습니다. 저는 영도구민 여러분께 다음 세 가지를 약속합니다.

첫째, 부산의 발전을 선도하는 영도를 만들겠습니다.

대한민국 원도심에 편입된 유일한 영도는 미래 잠재력이 뛰어난 지역으로 인접한 도시를 연결하는 허브 역할 지역이고 훌륭한 자연적·인적 인프라를 충분히 활용한다면 과거와는 다른 획기적인 발전을 이루리라고 봅니다.

영도는 태종대를 비롯한 국립해양박물관, 흰여울 마을, 카페거리로 자리매김하여 젊은이들이 즐겨 찾는 곳이 되었습니다. 그런데도 기반시설 부족으로 어려움을 겪어 왔습니다. 저는 부산시의 도시계획·건설·건축·주택·안전 등을 총괄하는 전반기 도시안전위원장으로서 태종대권종합개발, 해양신산업 부스 벨트, 경제기반형 도시재생사업, 봉래산 터널 등 중요한 정책들이 결정되고 추진될 수 있도록 했습니다. 또 예산결산특별위원으로 예산 확보에도 최선을 다해왔습니다. 따라서 전국 최고의 문화·관광 도시 벨트를 구축해 미래 먹거리를 창출하여 부산을 선도하는 영도로 거듭나도록 하겠습니다.

둘째, 든든하고 안전한 영도를 만들겠습니다.

저는 부산시의회 전반기에 도시안전위원장으로서 시민 안전을 지키는 제도를 보완하고 예산을 확보하고자 최선을 다해왔습니다. 이제 행정가로서 화재 및 재난으로부터 안전한 영도, 범죄로부터 안전한 영도, 먹거리로부터 안전한 영도를 만들어내겠습니다.

후반기에는 교육위원으로 활동하면서 영도 유일의 남자공립고등학교 강서구 이전을 막아냈습니다. 교육환경 개선을 통해 지역 외 학생을 유치하지는 못할망정 미래에 학생이 줄어들 거라는 예측만으로 멀쩡한 학교를 다른 지역으로 넘기면 되겠습니까. 저는 교육감과의 면담, 교육위원회 위원들과의 간담회를 여는 등 주민들과 함께 부산남고폐교반대대책위 활동에 나서서 결국은 이전 계획을 백지화시켰습니다.

저는 구청장이 되면 영도에 처음으로 부산형 돌봄 모델 우리동네자람터 사업을 실행하는 등 책임보육 체계를 갖춤으로써 일과 가정이 양립하는 영도를 만들고, 교육지원 사업으로 자녀 교육이 걱정 없는 영도를 만들겠습니다.

셋째, 오로지 영도구민의 구청장이 되겠습니다.

구청장실을 상시 개방하여 언제든지 직접 소통할 수 있는 시스템을 만들어 구민의 의견을 청취하고 반드시 결과를 확인해 '결과가 있는 소통의 장'을 만들어나가겠습니다.

하나의 촛불이 모여 역사의 줄기를 바꾼 '촛불 혁명'에서 보았듯이 혼자 꾸는 꿈은 꿈에 불과하지만, 함께 꾸는 꿈은 현실이 된다고 합니다. 영도구민과 함께 '행복하고 젊은 영도'를 만드는 꿈을 꾸고, 실현해 나가겠습니다.

모든 문제는 현장에 있고 해법도 현장에 있다는 경험으로 귀로 듣고, 발로 뛰는 구청장이 되어 잠자는 영도의 가능성과 역량을 깨워 '역동적인 젊은 영도'를 위해 저 박성윤이 앞장서겠습니다.

게도 구럭도 다 잃은 밀실 공천

* * *

그러나 민주당 공천관리위원회가 김철훈 현 구청장을 단수 추천함으로써 아예 경선 자체를 무산시켜버렸다. 나는 즉각 항의 농성을 벌이는 등 재심을 촉구하고 나섰다.

나는 이 사태에 대해 다음과 같은 입장문을 내고 공정한 경선을 통해 가장 경쟁력 있는 후보를 선출할 것을 강력히 촉구했다.

최후의 공천자가 공천장을 받을 때까지는 저도 더불어민주당 구청장 예비후보이기 때문에 어제(17일) 선거운동을 하고, 공정한 경선을 통한 공천을 요구하러 새벽 열차를 타고 중앙당에 올라갑니다.

저는 당의 주인은 당원이라고 배웠습니다. 당 대표부터 국회의원들까지 당의 주인은 여러분입니다, 하고 얼마나 강조했습니까?

그런데 공천 때만 되면 당원의 의사는 뒷전이고 밀실에서 자기들 패거리로 후보를 결정하는 구조, 이번에 제대로 고쳐야 합니다.

이번 중구·영도구 지방선거 출마자 중 박상현 전 창당위원장을 제외하고 중·영도에서 저 박성윤보다 오래 당적을 유지한 사람이 있습니까?

현 김철훈 구청장도 지난 시절 구의원 공천을 못 받으니 탈당하여 무소속으로 출마했다가 우리 민주당 후보와 함께 떨어진 전력이 있습니다.

민주당 당헌 당규를 보십시오.

공천의 첫째 기준이 당 정체성이며, 두 번째는 기여도, 세 번째는 의정활동 능력, 네 번째는 도덕성, 다섯 번째는 당선 가능성입니다. 과연 누가 이 기준에 가장 부합하다고 생각하십니까? 그건 권력자들 몇이 밀실에서 정할 일이 아니라 우리 민주당원들과 유권자들이 판단하고 정할 일입니다. 그래서 경선을 하는 것 아닙니까.

민주당 정체성을 쓰레기통에 버렸습니까? 이번 기회에 당원이 주인이라는 사실을 확실하게 보여드릴 수 있도록 원칙에 입각한 공천을 하시기 바랍니다.

하지만 결국 나의 이의신청은 받아들여지지 않았고, 현 구청장으로 후보가 최종 결정되었다. 최악의 수를 둔 것이다. 사실 현 구청장이 출마하여 당선된 2018년 지방선거는 중앙정치 변수에 힘입은 바가 너무 커서 당선만으로 후보 자체의 경쟁력을 말하기는 어려웠다. 새누리당이 국정 농단에 따른 대통령 탄핵 파면이라는 직격탄을 맞고 지지율이 바닥을 친 상태에서 선거를 치렀기 때문이다.

아니나 다를까. 2022년 선거는 민주당으로서는 후보의 경쟁력과 전투력이 절실히 필요한 정치 지형이 강력하게 작용했다. 이런 정치 상황을 무시하고 밀실 공천을 감행한 대가는 선거 패배로 귀결되었다. 소를 잡는 데 맞춤인 아주 잘 드는 칼을 버리고 무딘 칼로 소를 잡겠다고 덤볐다가 칼이 부러져버린 것이다.

03

—

그리고
남은 과제

나는 충무공의 백의종군 정신으로 남은
과제 해결을 위해 온 힘을 쏟을 작정이다.
이번에 재차 영도구청장 선거에 나선 이유도
남은 과제를 완수하기 위해서다.

당의 태만이 부른 예정된 참패

* * *

2022년에 치러진 제8회 전국동시지방선거는 더불어민주당의 참패로 끝났다. 2018년에 민주당이 깃발을 꽂은 보수 우세 지역들(부울경, 수도권과 충청권의 전통적 보수 지역)은 거의 다 도로 국민의힘에 내주었고, 접전지역도 대부분 내주었다. 경기도지사 선거에서는 초박빙 끝에 가까스로 이겼다.

윤석열 정부 출범 직후 실시된 허니문 선거였다고는 하지만, 지방조직과 현역 프리미엄이 대부분 지난 지방선거에서 민주당 쪽에 있었다는 점을 고려하면 대선보다 더 참담한 패배를 당한 셈이었다.

광역자치단체장 17석 중 5석(직전 선거에서는 14석), 기초단체장 226석 중 63석(직전 선거에서는 151석), 광역의원은 824석 중 322석(직전 선거에서는 652석), 기초의원은 2,988석 중 1,384석(직전 선거에서는 2,926석 중 1,639석)으로 급전직하했다. 다만, 풀뿌리 민주주의의 핵심 기반인 기초의원 선거에서는 비교적 선전하여 희망의 불씨를 살린 것이 그나마 다행이었다.

이번 선거에서 눈에 띈 것은 투표율이다. 지난 지방선거 대비 10%나 낮다. 지난 지방선거에서 민주당 후보를 지지한 유권자들이 대거 투표를 포기한 것이다. 그러니 이전 선거는 윤석열과 국민의 힘이 잘해서 이겼다기보다는 민주당이 못해서 이기게 된 것이다. 진보 성향 유권자들이 대거 투표를 포기해버린 영향이 컸다는 것은, 40대의 투표율이 50%에도 못 미치고 더욱이 20~30대 여성의 투표율이 40%도 넘지 못한 데서도 알 수 있다.

민주당의 참패는 부산에서도 예외는 아니었다. 부산시장 선거에서는 민주당 후보(변성완)의 득표율이 국민의힘 후보(박형준) 득표율의 절반에 불과했다. 기초자치단체장 선거에서도 지난 지선에서 13명의 구청장을 배출한 것과 대조적으로 단 한 곳도 확보하지 못했다. 영도구를 비롯하여 현역 구청장 11명이 연임을 노리고 재출마해 높은 인지도를 무기로 적어도 서너 곳의 승리를 기대했지만, 결과는 현역 전원 낙선이었다. 시의원마저 지역구 42석 모두 국민의힘에 내주고, 비례대표 2석을 얻는 데 그쳤다.

지역위원장에 도전했지만

*　*　*

나는 비록 민주당 후보 경선도 치러보지 못하고 밀실 공천에 희생당해 밀려났지만, 죽을 때까지 영도에 살아야 하는 민주당 정치인으로서 참담한 심정을 가눌 길 없었다. 승패는 병가지상사라지만,

나는 싸워보지도 못하고 당이 참패하는 꼴을 그저 지켜보고만 있어야 하는 처지였으므로 더욱 비감했다.

벌거벗긴 채로 비바람 몰아치는 황량한 벌판에 홀로 버려진 느낌이었다. 그러나 나는 곧 기운을 차리고 일어섰다. 이대로는 안 되겠다는 판단이 들자 다시 시작해야겠다는 결심이 섰다.

나는 지역위원장이 되어 이곳 영도만이라도 민주당 굴기의 거점으로 회복하고 싶었다. 그래서 민주당 전당대회에 중 · 영도 지역위원장 공모를 신청하면서 다음과 같이 소회를 밝히고 결의를 다졌다.

부산광역시의원을 지낸 박성윤입니다.

대통령 선거에 이어 지방선거에서 패배하고 치러지는 더불어민주당의 전당대회는 선명한 야당성 회복이 가장 중요하다고 생각합니다.

특히 민주당의 불모지 부산은 다음과 같은 지역위원장이 절실히 필요합니다.

첫째, 당을 새롭게 조직한다는 각오로 정체성이 선명하고 강력한 리더십을 갖춘 지역위원장이 필요합니다. 지금은 그 어느 때보다 결단력과 추진력이 필요한 때입니다.

중·영도뿐만 아니라 부산시당에서도 외연 확장이라는 명분으로 명망에 기댄 외부 인사를 영입하여 경선을 면제하고 단수 추천으로 의회 진출 등을 밀어주었지만, 그런 식의 영입으로 부산 시민에게 무슨 감동을 주었습니까. 아시다시피 이번 지방선거에서 아무런 효과도 보지 못했을뿐더러 오히려 민주당의 선명성만 흐려지고 정책의 진보성도 후퇴했습니다. 그러므로 강력한 지도력을 바탕으로 시민의 마음을 움직일 수 있는 인물이 절박한 시점입니다.

둘째, 솔선수범하는 지역위원장이 필요합니다.

지역위원장들 대부분이 다음 국회의원 선거 출마만 바라보고 위원회를 이끌고 있으니, 당원이나 시민보다는 윗선의 눈치만 보느라 잠음이 끊이지 않고, 그러는 동안 지역위원회는 위원장 개인의 사적 조직으로 전락했습니다. 그게 다 중앙당에서 일방적으로 내려보내는 낙하산 위원장의 폐해입니다. 부산 민주당의 재건을 위해서는 당원과 시민의 지지로 선출된 선명한 정체성의 위원장이 이 보수정당에 당당하게 맞서 지역위원회를 이끌어야 합니다.

셋째, 총선 승리를 위한 지역위원장이 되어야 합니다.

그동안 자신이 지역위원회에서 위원장으로 활동했으니 당연직으로 계속 위원회를 이끌어야 한다거나 그 위원장직을 발판으로 국회의원에 출마할 것이라고 작정하는 순간 지역위원회는 사분오열되고 말 것입니다. 진정으로 지역위원회를 살리고자 한다면 누가 위원장이 되든 그런 오만과 사심은 내려놓고 오롯이 위원장 본연의 역할에 충실해야 합니다. 저는 늘 그런 마음으로 지역위원장이 되고자 했지만, 지금껏 강고한 기득권의 벽에 막혀 뜻을 이루지 못했습니다. 지역위원장은 무엇보다 선수가 아니라 관리자의 역할을 하겠다는 열린 자세가 필요합니다. 자기 지역에서의 승리를 위해 누구를 선수로 내세우는 것이 최선인가를 생각해야지, 자기가 선수로 뛸 욕심이 앞서서는 안 된다는 것입니다.

저라고 해서(관리자로서) 완벽하진 않습니다. 부족한 점투성이입니다. 하지만 지난 20년 격동의 정치 환경 속에서 당당하게 행동해왔고, 앞으로도 시대에 역행하는 보수 세력에 맞서 부족한 것은 채워가며 최선을 다하겠습니다.

나는 이처럼 지역위원장이 되어 부산시 민주당 건설의 선봉이 되고자 했지만, 총선 욕심에 눈이 먼 기득 세력의 벽에 막혀 뜻을 이루지 못한 채 남은 과제만 잔뜩 끌어안게 되었다.

백의종군하는 마음으로

나는 그때부터 지금껏 3년여 동안 시민 속으로 더 깊이 들어가 영
도구의 발전과 민주당의 흥기를 위한 방책을 궁리하고, 당장 실천
가능한 일부터 해왔다. 감히 이순신 장군에 비유하자면 옥고에서
가까스로 풀려나 백의종군하던 그 심정이었다.

이순신 장군은 생전에 두 차례의 '백의종군' 처분을 받았다. 모든
직책과 직급을 거두고 무명의 졸병으로 군 복무를 하라는 처분이
다. 첫째는 녹둔도 둔전관 시절에 여진족을 막지 못한 죄를 둘러쓰
고 백의종군 처분을 받았으며, 둘째는 1597년 정유재란 초기에 왜
적의 반간계에 걸려든 임금의 몽매와 정적들의 모함으로 투옥된 후
감형되어 도원수 권율의 휘하로 간 것을 말한다.

1597년 4월 1일, 혹독한 고문에 만신창이가 된 몸을 이끌고 의금
부에서 출옥한 이순신은 도원수 권율의 휘하에서 백의종군할 것을
명받았다. 사형을 겨우 면한 대신 받은 감형 처분이었다. 그는 과천
인덕원, 오산 독산성, 안성 수탄, 팽성읍 객사를 거쳐 남행했다.

4월 5일, 아산에 도착한 이후 15일간은 더욱 참담한 여정이었다.
그날 아침 해가 뜨자마자 길을 떠나 곧장 선영으로 가서 참배했다.
수목이 들의 불을 거듭 만나 말라비틀어져서 차마 볼 수가 없었다.

묘에 절하며 곡하는데 한참을 일어나지 못했다. 저녁이 되어 외가로 내려가 사당에 절하고, 그 길로 조카의 집에 가서 조상의 사당에 곡하며 절했다.

이순신은 이어 아산 음봉 어라산의 부친 묘에 참배하고 집안 사당에 들린 직후 모친의 부음을 듣고 달려나가 모친의 시신을 맞이하였다. 어머니를 본가에 모신 후 하직을 고하고 신흥리에서 강정과 강영수를 만나 조문의 예를 표하기 위해 말에서 내려 곡하였다.

이후 이순신은 익산 여산 관노의 집에서 유숙하고 오원과 남원을 거쳐 순천에 도착하였다. 5월 20일, 구례에서 이원익을 만나 소회를 듣고 하동에서 수군의 정보를 들었다. 6월 2일에는 삼가현의 관가에 유숙했다.

남행 67일 만에 합천의 권율 진영에 도착하여 도원수 권율을 만나 작전 업무를 도왔다. 당시 권율은 원균의 무모한 작전을 감행하는 행위를 매우 못마땅하게 여겼다. 7월 18일 이순신은 칠천량의 패전 소식을 듣고 19일 단성(산청)의 높은 동산산성에 올라가서 전쟁에 유리한 지형을 살펴보았다. 이후 진주, 하동, 곤양, 노량, 남해를 거쳐 다시 진주 운곡(굴동)으로 갔다. 7월 27일, 진주 수곡면 원계리 진배미 손경례(孫景禮)의 집에 6일간 머물면서 작전을 모의하며 전쟁을 준비했다.

8월 3일, 이른 아침에 이순신은 선전관 양호로부터 삼도수군통제사의 복직 교서를 받고 54일간의 백의종군을 마쳤다. 의금부에서 합천까지의 여정과 합천에서 복직되기까지의 여정은 120일이었다. 이 기간에 겪은 일은 보통사람이라면 감내할 수 없는 파란이었다. 그런 중에도 이순신은 절대 좌절하지 않고 국난극복의 한결같은 염원으로 전쟁을 준비하여 전무후무한 전공을 이루었다.

나는 이런 충무공의 백의종군 정신으로 남은 과제 해결을 위해 온 힘을 쏟을 작정이다. 이번에 재차 영도구청장 선거에 나선 이유도 남은 과제를 완수하기 위해서다.

나는 부산시의원으로 활동할 때도 '부산의 균형발전'에 의정활동에 중점을 두었다. '동부산은 포화 상태이지만 원도심은 소멸 위기에 놓였다'는 말이 나올 정도로 균형을 잃었다. 이 같은 문제를 해결하기 위해 원도심 활성화가 절실하다. 그리고 그 중심에는 영도가 있다.

나는 구청장으로서 영도구를 원도심 재생과 재번영의 모델로 구현하여 균형발전의 세계적 모범 사례를 만들고자 하는 원대한 포부를 품고 있다. 이미 그 밑그림도 구상되어 있다. 이제 민주당 경선을 통과하여 구민의 선택을 받을 일만 남았다.

나는 이재명 대통령이 경기지사 시절에
윤석열 정권으로부터 핍박받을 때부터
'이재명 지키기'에 누구보다 앞장서
부산에서 경기도와 서울을 이웃집 드나들 듯 자주 오가며
치열하게 싸웠다.
"이재명은 무죄다!"

3

내가 추구하는
정치

01

김원봉과
의열단

"여기서는 왜놈 등쌀에 언제 죽을지 몰라.

내가 조국 해방을 위해 중국에서 일본놈과 싸울 때도

이런 수모를 당한 일이 없는데,

해방된 조국에서 악질 친일 경찰 손에 의해 수갑을 차다니,

이럴 수가 있소?"

끊임없이 나아가는 진보의 정치

* * *

내가 추구하는 정치는 앞에서도 말했지만, 어제보다는 오늘이 더 살기 좋은 세상, 오늘보다는 내일이 더 살기 좋은 세상으로 나아가게 하는 정치다. 투명하고 공정한 정치, 그래서 반칙과 협잡이 발붙일 수 없게 하는 정치다. 현실에 안주하지 않고 끊임없이 나아가는 진보의 정치다. 그래서 나는 누구보다 인류의 진보를 향해 치열하게 나아갔던 혁명가 김원봉 장군을 좋아하고 그의 정신을 기려 오늘도 정치인으로서 나의 마음가짐을 가다듬는다.

일제가 가장 두려워한 독립군

* * *

우리 역사에서 체 게바라에 필적하는 혁명가를 대라면 나는 추호도 망설임 없이 항일독립투사 약산 김원봉 장군을 들 것이다. 일제는 현상금을 내걸고 우리 독립지사들을 체포하는 데 혈안이 되었는데, 백범 김구 선생과 함께 김원봉 장군에게도 거액의 현상금을 내건 것으로 알려졌다. 그러니까 일제가 가장 두려워한 독립군 중 한 사람이 의열단장 김원봉이었다.

김원봉은 일제강점기에 만주로 이주해 성장기를 보냈다. 1919년 의열단을 조직하여 단장에 선임되었다. 중국 황푸(黃浦)군관학교를 졸업하고 1930년경 베이징에서 안광천과 함께 조선공산당재건동맹을 결성했으며, 레닌주의정치학교, 조선혁명군사정치간부학교를 설립·운영했다. 1930년대 후반 조선민족혁명당을 지도하면서 우리 민족주의운동의 한 축을 이루고, 강력한 군사조직인 조선의용대를 결성하여 중국 관내 지역 민족해방운동을 주도했다.

1941년 6월, 조선민족혁명당은 전당대표대회에서 임시정부 참가를 결의하고, 조선의용대는 광복군 제1지대로 편입되었다. 이에 김원봉은 1942년 광복군 부사령관에 취임한 데 이어 1944년 임시정부 제38차 회의에서 군무부장에 올랐다.

8.15해방 후 12월에 귀국했는데, 여운형 등을 중심으로 한 조선인민공화국이 결성되면서 중앙인민위원 및 군사부장을 맡았다. 1946년 2월, 조선공산당이 좌익단결을 위해 민주주의민족전선을 결성했을 때 5명의 의장 가운데 1인이 되었으며, 중앙위원직을 겸했다. 1946년 10월 발생한 대구 10월 사건 등에 연루되었다는 혐의로 구금된 이후 일제강점기 악질형사 노덕술에게 온갖 수모를 당하고 열흘 만에 풀려났다. 김원봉은 계속되는 좌익 단체와 인사에 대한 탄압과 테러에 실망하여 1948년 남북협상 때 월북했다.

이후 북한 국가검열상에 이은 노동상 등 고위직을 역임하다가 1958년 10월 최고인민회의 상무위원 부위원장직에서 해임된 이후 숙청되었을 것으로 추측될 뿐 행적을 알 수 없게 되었다.

의열단의 의열한 무장독립투쟁

* * *

그런데 1919년 11월 김원봉 장군의 주도로 결성했다는 의열단은 어떤 단체일까?

의열단(義烈團)은 중화민국 지린성에서 조직된 항일 무장 투쟁 단체로 "의로운(義) 일을 맹렬히(烈) 행하는 단체(團)"의 약자다. 주로 일제의 고위층에 대한 암살 활동이나 주요 시설에 대한 파괴 공작을 수행했다.

3.1운동의 대중화 단계에서 죽음을 무릅쓰고 독립 만세 운동을 감행한 조선인을 보고 크게 감동한 신흥무관학교 교생 김원봉은 13명의 동지를 규합하여 의열 투쟁 결사대를 조직하고 암살 · 파괴 활동을 전개함으로써 국내 동포들의 독립 정신을 고양하고 나아가 이를 통하여 국내외 한인을 중심으로 혁명을 촉발함으로써 민족의 독립과 조국의 광복을 달성하고자 했다.

의열단은 비밀결사 조직이어서 단원이 정확히 몇 명이었는지는 알기 어렵지만 2010년에 기밀 해제된 영국의 비밀문서에 따르면 단원이 무려 2,000여 명에 달했으며, 도쿄에도 50여 명이 상주하고 있었다. 미국의 작가 님 웨일스는 김산 선생을 인터뷰해 저술한《아리랑》에서 1927년까지 체포돼 처형당한 의열단원이 무려 700명에 이른다고 기록했다.

다음 의열단 〈공약 10조〉를 보면 의열단의 성격과 목적 그리고 정체성이 분명하게 드러난다.

[공약 10조]

제1조: 천하에 정의로운 일을 맹렬히 실행한다.

제2조: 조선의 독립과 세계의 평등을 위하여 몸과 목숨을 바친다.

제3조: 충의의 기백과 희생의 정신을 확고히 한다.

제4조: 단체의 뜻을 우선하고 단원의 뜻을 신속하게 실행한다.

제5조: 의백(義伯, 단장) 한 사람을 선출하여 단체를 대표하게 한다.

제6조: 언제 어디서든지 매월 한 번 상황을 보고한다.

제7조: 언제 어디서든지 모이도록 요청하면 꼭 응한다.

제8조: 죽지 않고 살아남아 단의 뜻을 이루도록 한다.

제9조: 하나는 아홉을 위하여 아홉은 하나를 위하여 헌신한다.

제10조: 단체의 뜻을 배반한 자는 처형한다.

그리고 김원봉 장군의 요청으로 단재 신채호 선생이 1923년에 작성한 〈조선혁명선언〉에는 의열단의 의열정신이 고스란히 담겼다. 다음은 그 마지막 구절이다.

민중은 우리 혁명의 대본영이다. 폭력은 우리 혁명의 유일 무기다. 우리는 민중 속에 가서 민중과 손을 잡고 끊임없는 폭력, 암살, 파괴, 폭동으로써 강도 일본의 통치를 타도하고, 우리 생활에 불합리한 일체 제도를 개조하여, 인류로서 인류를 압박치 못하며, 사회로써 사회를 수탈하지 못하는 이상적 '조선'을 건설할지니라.

1937년, 미국의 작가이자 저널리스트인 님 웨일스는 의열단원 김산의 일대기를 기록했다. 의열단에 입단한 김산은 조선과 중국을 넘나들며 혁명가로 활동했는데, 1938년 중국 당국은 그를 일제 스파이로 몰아 처형했다. 향년 34세였다.

"내가 7년 동안 동방에 있으면서 만났던 가장 매력적인 사람 중 하나였다"고 김산을 칭송한 님 웨일스는 의열단에 대한 기록도 남겼다.

의열단원들은 마치 특별한 신도처럼 생활하였고, 수영, 테니스, 그 밖의 운동을 통해 항상 최상의 컨디션을 유지하도록 하였다. 매일같이 저격연습도 하였다. 이 젊은이들은 독서도 하였고, 쾌활함을 유지하기 위해 오락도 하였다. 그들의 생활은 명랑함과 심각함이 기묘하게 혼합됐다. 언제나 죽음을 눈앞에 두고 있었으므로, 생명이 계속되는 한 마음껏 생활했다. 그들은 기막히게 멋진 친구들이었다. 스포티한 멋진 정장을 입었고, 머리를 잘 손질하였으며, 어떤 경우에도 결백할 정도로 말쑥하게 차려입었다.

김원봉 장군은 일제의 촘촘한 검거망 속을 헤집고 치열한 독립운동을 전개했다. 1942년에는 광복군 부사령관, 1944년에는 임시정부 군무부장으로 활약하다가 해방을 맞아 1945년 12월 초에 임정 요인들과 함께 귀국했다.

해방된 조국도 악질 친일배들 세상

* * *

1947년 3월 22일, 조선노동조합전국평의회 총파업 배후인물로 지목된 김원봉은 미군정청 경찰 노덕술에게 체포되어 조사받으면서 갖은 수모를 당한 것으로 전해졌다. 노덕술은 독립운동 관련 인사들을 물고문하고 구타하는 것으로 유명해서 '일경의 호랑이' 라고 불리던 악질 친일 경찰이었다. 그는 평양경찰서장으로 근무하다가 해방을 맞았는데, 평양을 점령한 소련군에게 구금되었다가 탈출하여 남한으로 내려와 반공주의자로 변신했다.

1946년에 수도경찰청장 장택상의 발탁으로 수도경찰청 수사과장이 되고서 '좌익분자' 검거를 주도했다. 그는 1949년 친일반민족행위자로 반민특위에 체포되었지만, 이승만은 반민특위 위원장에게 그의 석방을 강요하고, 심지어 그를 체포한 반민특위 위원들을 처벌하라고 명령하기까지 했다.

결국, 반민특위를 주도하던 소장파 국회의원들은 프락치로 몰려 제거되고 반민특위가 해산당하면서 노덕술은 멀쩡하게 풀려났다. 이후 노덕술은 대한민국 육군본부 제1사단 헌병대장이 되어 한국전쟁 당시 서울지역 부역자 처벌 책임자로서 양민학살을 주도했다.

이런 자에게 체포되어 곤욕을 치른 김원봉은 4월 9일, 증거 불충분으로 10여 일 만에 풀려났다. 의열단 활동을 함께했던 유석현을 찾아간 김원봉은 꼬박 사흘을 슬피 울며 한탄했다(길진현, 《역사에 다시 묻는다》, 삼민사, 1984).

"여기서는 왜놈 등쌀에 언제 죽을지 몰라. 내가 조국 해방을 위해 중국에서 일본놈과 싸울 때도 이런 수모를 당한 일이 없는데, 해방된 조국에서 악질 친일 경찰 손에 의해 수갑을 차다니, 이럴 수가 있소?"

의열 정신을 오늘에 되살려

* * *

나는 조선의열단기념사업회가 설립된 2017년부터 회원으로 참여해 왔으며, 2022년에는 부산지부장으로 임명되어 현재까지 그 책임을 맡아 활동하고 있다.

(사)조선의열단기념사업회 활동

조선의열단기념사업회는 일제강점기 조국의 독립을 위해 자신의 모든 것을 바쳤던 의열단 독립투사들의 숭고한 의열 정신을 계승하고 선양하기 위해 설립된 사단법인이다.

조선의열단기념사업회는 특히 내가 속한 특수임무유공자회와 깊은 정신적 유대를 맺고 있다. 특수임무유공자회는 조선의열단 독립투사들을 정신적 우상으로 삼아 왔으며, 나라를 위해 자신의 모든 것을 바쳤던 선열들의 투철한 국가관과 희생정신을 계승하는 공법단체라는 자긍심을 가지고 있다.

의열단이 남긴 다음의 신념은 지금도 우리의 가슴속에 살아 숨 쉬고 있다.

"자유는 우리의 힘과 피로 쟁취하는 것이지, 결코 남의 힘으로 얻어지는 것이 아니다."

이러한 신념을 실천하고 확장하는 바가 정치의 자리에 선 나의 책무라 생각한다. **부산시의원으로 활동할 당시 3.1운동 100주년 기념사업 조례를 제정하여 100주년 기념행사가 부산시민이 독립운동 정신을 되새기는 계기가 되도록 했다. 또 그 연장선에서 부산을 대표하는 독립운동가인 박재혁 의사와 박차정 의사의 뜻을 기리는 다양한 추모 및 기념 활동을 이어오고 있다.**

부산은 일제강점기 독립투쟁 열사의 산실이었다. 부산 출신의 의열단원 박재혁 의사는 일제의 영남 식민통치의 심장부인 부산경찰서에 폭탄을 투척하여 일제의 간담을 서늘하게 했다. 박차정 의사는 민족과 여성의 진정한 자유를 꿈꾸며 국내외에서 치열하게 독립투쟁을 벌였다. 1939년 2월 중국 장시성 곤륜산 전투 중 당한 부상의 후유증으로 1944년 34세의 젊은 나이에 순국한 그의 애국정신은 오늘날에도 우리 가슴에 면면히 흐르고 있다.

02

청산하지 못한
과거사의 유령

반민특위 방해 공작의 배후는 대통령 이승만이다.

1949년 6월 8일자 경향신문에 자기 입으로

"내가 직접 특별경찰대를 해산시키라고

경찰에게 명령했다"고 자백했다.

"행정부만이 경찰권을 가지는 것을 허용하고 있기 때문"이라는

논리를 들이댔다.

헌법과 법률이 부여한 반민특위 권한을 전면 부인한 채

반민특위가 삼권분립에 어긋난다고 주장한 것이다.

실제로 이승만은 김상덕 반민특위 위원장을 찾아가

조사 중단을 지시하기도 했다.

청산하지 못한 과거사의 유령

* * *

마르크스의 표현을 빌리자면 청산하지 못한 과거사의 유령이 우리의 현실을 배회하며 앞길을 방해하고 있다. 우리는 일제강점기 부일협력자(친일반민족행위자)를 청산하지 못해 여전히 그 세력이 지배하는 현실을 살고 있고, 일본은 나라를 전쟁의 참화로 몰아넣은 전범들과 극우 세력을 청산하지 못해 세계 일류의 경제 강국임에도 불구하고 여전히 군국주의의 망령에 사로잡혀 정치 후진국으로 남았다.

대한민국은 해방 이후 반민족행위특별조사위원회(반민특위)가 대통령 이승만의 지시를 받은 무장 경찰의 습격을 받고 활동이 좌절되면서 친일 청산에 실패함으로써 그 세력이 처벌받지 않고 온존하여 사회의 기득권층으로 남게 되었다. 이는 오늘날까지 우리 사회의 부끄러운 역사적 자화상이다.

박정희에서 전두환으로 이어진 군부 독재에 의한 국가 폭력의 유산이 충분히 청산되지 않고 있으며, 국가보안법 같은 권위주의적 유산은 여전히 민주주의의 발전을 저해하고 있다.

한국전쟁이 남긴 유산을 보면 남북 이산가족도 문제지만, 평화 조약 없이 휴전 협정만 체결되어 70여 년이 지나도록 여전히 전쟁 중인 상태라는 데 문제가 있다. 이로 인한 남북 분단 상황과 상호 불신은 한반도 및 동아시아 안보에 중대한 영향을 미치고 있다.

이러한 문제들은 한국 사회 내부의 이념적 갈등을 심화시키고, 대일 및 대북 정책의 일관성을 유지하기 어렵게 만드는 주요 원인으로 작용하고 있다.

영화 〈암살〉에서 보는 친일 청산의 염원

* * *

지난 2015년 광복 70주년을 맞아 상영된 영화 〈암살〉은 친일 청산에 목마른 시민의 염원에 힘입어 관객 1,000만을 넘겼다. 특히 독립투사 김원봉 장군의 면모를 새롭게 인식하게 된 영화로 호평을 받은 점이 인상적이었다.

입에서 입으로 전해지는 소문을 타고 〈암살〉은 잃어버린 조국을 되찾고자 이역만리에서 풍찬노숙하며 투쟁하다 별이 된 뭇 선열의 후손들을 그렇게 불러모았다. 사진을 찍어 남긴 뒤 일본 주둔군 사령관과 민족의 배신자를 처단하기 위해 적의 시퍼런 총구가 막고 있는 표적 한복판으로 뛰어들어 이름 없이 죽어갔을 그들. 우리는 그들이 어떻게 싸웠는지, 어떤 고난을 겪었는지 자세히 알지 못한다. 그 희생 이후도 모르긴 마찬가지다. 그들에 대한 기록이 별로 남지 않았기 때문이다. 남아있다 해도 왜곡된 역사가 그들의 이름 없는 희생을 지워버렸기 때문이다.

영화 끝부분에서 반민특위 재판부의 재판장은 법봉을 던져버린다. 독립군을 팔아넘긴 밀정 염석진을 단죄하는 선고를 내리지 못한 분노가 치밀어 올랐기 때문이다. 청산하지 못한 과거는 부끄러운 역사의 근원일 수밖에 없다. 뒤틀리고 부당한 것들만 살아남아 행세를 하는 판에 바르고 정당한 것은 설 자리가 없어지고 만다. 주객전도. 이것이 오늘날 우리 자화상이다.

이승만이 망쳐버린 해방조국의 미래

* * *

올해로 광복 81주년을 맞지만, 여전히 친일의 망령이 우리의 정신을 좀먹고 국기를 뒤흔들고 있다. 그 지긋지긋한 친일을 청산할 기회가 있었다. 그러나 미 군정과 이승만, 그에 빌붙은 하수인들이 그 기회를 짓밟고 말았다. 반민특위 강제 해산이다.

해방 후 구성된 제헌국회는 1948년 9월 국권강탈에 적극적으로 협력한 자, 일제하의 독립운동가나 그 가족을 악의로 살상·박해한

자 등을 처벌할 목적으로 '반민족행위처벌법'을 제정했다. 그 법에 따라 설치된 반민특위 산하 특별경찰대는 일제강점기 악질기업가 박흥식 등을 잡아들였다. 조국의 젊은이들을 악마의 전쟁터로 내몰 았던 최남선, 이광수 등 변절 지식인들도 단죄의 법정에 세웠다. 민 족의 이름으로 수많은 간상배, 모리배 등 친일분자들을 색출해 처 단했어야 마땅했다. 그러나 독립지사임을 자화자찬하던 이승만이 대통령의 권력으로 반민특위를 와해시키고 친일분자들을 보호했 다. 반민특위 활동에 숨죽여 지내던 반역자들에게 이승만은 구세주 였다. 그 보답으로 이승만 영구독재 체제 확립의 선봉에 선 그들은 공산주의로부터 나라를 지키는 반공주의자로 둔갑하여 영달하고 승승장구했다. 일제로부터 해방된 조국은 그렇게 다시 친일 모리배 들의 나라가 되고 말았다.

그런 가운데 친일 잔재는 아직도 곳곳에 남아있다. 우리 근현대 역사 교육의 현장이라 할 광주공원에 대표적인 친일반민족행위자 윤웅렬과 을사오적 이근호의 선정비가 100년이 되도록 한 자리를 지키고 있다. 광주 서구의 백일로, 백일초교, 백일어린이공원 등의 명칭도 부끄럽다. 일제가 세운 괴뢰정권 만주국의 만주군 산하 간 도특설대 장교로 독립군 제거에 앞장선 김백일의 이름을 따 지은 것이기 때문이다. 이는 광주뿐 아니라 다른 도시들도 마찬가지다. 한국전쟁의 영웅으로 추앙되는 백선엽도 간도특설대 출신의 대표적인 친일반민족행위자이지만, 사후에도 그 죄의 대가를 치르지 않고 있다.

이승만의 '공산주의자' 와 윤석열의 '반국가세력'

* * *

반민특위는 출범 전부터 반대세력에 맞서야 했다. 1948년 9월 23일 서울운동장에서 대규모 집회가 개최됐는데 시위대는 친일파를 척결하고자 하는 것은 공산주의자라고 주장했다.

이듬해 1월 25일에는 반민특위 요인 암살 모의가 발각되기도 했다. 반민특위 간부 15명을 38선까지 유인해 살해한 뒤 이들이 월북을 시도해 사살했다고 위장하려는 음모였다. 암살 모의 사건의 진행자금은 박흥식이 제공한 것으로 밝혀졌다.

수법을 보면 12.3 내란을 일으킨 윤석열의 '반국가세력 척결' 수법을 빼닮았다. 윤석열과 그 일당이 이승만과 그 일당의 수법을 배운 걸까.

1949년 6월 6일, 반민특위 습격 사건으로 반민특위가 무너지기 시작했다. 주동자는 서울 중부경찰서장 윤기병이었다. 반민특위에 검거된 친일반민족행위자 688명 중 3분의 1 이상이 경찰이었다. 척결 대상이 제일 큰 무력을 가진 것 자체가 비극인 사건이었다. 이후에도 반민특위 습격 사건은 전국에서 동시다발로 벌어졌다. 지방 반민특위의 경우 전화선이 절단되고 사무실이 봉쇄되기도 했다.

이러한 반민특위 방해 공작의 배후는 대통령 이승만이다. 1949년 6월 8일자 경향신문에 자기 입으로 "내가 직접 특별경찰대를 해산시키라고 경찰에게 명령했다"고 자백했다. "행정부만이 경찰권을 가지는 것을 허용하고 있기 때문"이라는 논리를 들이댔다. 헌법과 법률이 부여한 반민특위 권한을 전면 부인한 채 반민특위가 삼권분립에 어긋난다고 주장한 것이다. 실제로 이승만은 김상덕 반민특위 위원장을 찾아가 조사 중단을 지시하기도 했다.

이승만은 거기에 한술 더 떠 악질친일 경찰 노덕술을 변호하기까지 했다.

"노덕술 등은 공산당을 잡는 기술자인데, 그들을 처단하려는 것은 공산당의 짓"이라는 망발을 늘어놓은 것이다.

반민특위는 이렇게 이승만 정권의 야욕에 의해 무너졌지만, 친일 반민족행위자 척결을 위한 노력은 제6공화국 수립 이후에도 계속됐다. 우리 민족의 아픔과 치욕을 고스란히 담은 상징물이자 마치 목에 걸린 가시와도 같았던 조선총독부가 광복 50주년인 1995년 김영삼 정부에 의해 철거된 것이다.

조선총독부 건물은 대한민국의 경제 발전과 민주화가 진행되는 과정에서 사라져야 할 유산이었다. 당시 철거된 조선총독부 건물의 잔해 중 첨탑을 포함한 일부는 현재 독립기념관 한편의 공원에서 대한민국의 해방을 상징하는 작품으로 남아 전시되고 있다. 또 과거사 청산과 함께 역사 바로 세우기 작업의 하나로 일제의 흔적이던 '국민학교'도 '초등학교'로 변경됐다.

이후 2005년 참여정부가 들어서면서 '친일반민족행위자 재산의 국가귀속에 관한 특별법'이 제정됐다. 친일행위로 축재한 재산의 국가 귀속에 관한 법률이다. 2006년 서울고등검찰청과 수원지방검찰청은 이 친일파 재산환수법에 근거하여 친일파 후손 소유의 부동산을 환수하기 위해 관련 부동산 처분금지 가처분 신청을 법원에 냈다. 친일파 후손들은 대부분 재산 환수에 불복하고 행정소송 및 헌법소원을 제기했으나 대개 패소 또는 각하됐다.

과거사 청산, 사죄가 있어야 용서도 있다

＊＊＊

해방 후 75년이 지났음에도 불구하고 여전히 친일 청산을 위한 목소리가 있다는 것은 친일의 흔적을 완전히 뿌리 뽑지 못했음을 방증한다. 우리와 유사한 과거사를 지닌 다른 나라의 행보는 어떨까.

역사적 성찰을 통한 과거사 청산의 모범 사례로 남아프리카공화국이 자주 언급된다. 넬슨 만델라의 투쟁과 용서와 화합의 정책들은 세계에 큰 영향을 미쳤다.

인종차별정책이 폐지될 즈음 흑인 정권이 등장할 경우 정치적 보복을 두려워한 백인들에게 만델라는 집권 뒤 과거사 문제에서 "잊지는 않지만 용서한다(Forgive without forgetting)"는 원칙을 내걸었다. 그는 남아공을 위해 백인들의 지식·기술과 관료체계와 자본을 통합해야 한다고 생각했다. 이런 그의 태도에 대해서 흑인들이 크게 반발하며 비판했지만, 그는 백인 세력을 끌어안고 나가야 한다는 생각을 바꾸지 않았다. '진실과 화해 위원회'를 통해서 진실을 규명하지만 용서하는 방식으로, 과거를 잊지 않지만 통합을 유지하면서 남아공을 지키려는 정책을 택한 것이다.

오늘날 대한민국은 미진한 친일 청산으로 인해 81년째 광복이 완성되지 못하고 있다.

우리는 해방 직후 나라를 세우는 일이 먼저라는 이유로 친일 청산에 눈을 감았다. 그 결과 정의가 부정되고 가치는 뒤집혔다. 자신의 영달을 위해 나라를 배신했던 친일파들은 일본을 등에 업고 많은 재물과 특혜로 부와 권세를 누렸고, 그 후손들도 대를 이어 우리 사회 각계에서 기득권과 영향력을 행사하며 떵떵거리며 살고 있다.

친일파가 장악해버린 대한민국. 그래서 한국 사회에서는 해방 뒤

반세기 가까이 '친일' 이라는 말을 함부로 입에 담아서는 안 되는 침묵의 카르텔이 형성된 것이다.

또다시 친일 청산을 말해야 하는 이유

* * *

우리는 왜 또다시 친일 청산 문제를 얘기해야 하는가. 과거 청산과 극복 없이는 희망도 미래도 없기 때문이다. 민족 정기를 살려 나가고 정체성을 극복해나가는 데는 반드시 청산의 절차가 필요하기 때문이다. 친일 청산은 비극의 현대사를 극복하기 위해서라도 생략해서는 안 되는 시대적 과업이다.

되돌아오지 않는 과거는 없다. 그것이 우리가 역사를 배우는 까닭이다. 친일은 청산해야 할 과거다. 손으로 하늘을 가릴 수 없다. 하지만 대다수 친일 후손들은 선조의 과거에 대해 침묵으로 일관하고 있다. 반성하지 않은 민족에겐 미래가 없다. 친일파 청산은 사회정의를 세우는 동시에 다른 사람들이 더는 그런 행위를 할 수 없게 하고, 우리 아이들에게 '불의와 타협하지 않아도 성공할 수 있다' 는 증거를 보여주기 위해서도 꼭 필요하다.

과거의 상처와 아픔에 대한 치유 없이 미래를 기대할 수 없다. 당시 친일파는 가고 없다. 그러나 친일파가 끼친 악영향이 우리 사회 곳곳을 점령하고 있다.

친일 청산 문제를 상시 공개적으로 논의하고 공론화할 시스템을 만들어야 한다. 독일은 지금도 나치 전범들에 대한 추적을 멈추지 않고 있다. 우리의 친일 청산과 과거 극복이 여기서 멈춰서는 안 된다. 친일 청산은 아직 끝나지 않았다.

03

억강부약의
정신으로

다산 정약용도 억강부약을 목민관들이
힘써야 할 일이라고 강조했다.
"정치란 약자의 눈물을 닦아주는 것"이라고 한
김대중 전 대통령의 말도
"특권 없는 사회"를 강조한 노무현 전 대통령의 말도
억강부약의 정신과 같은 맥락에 닿아 있다.

억강부약, 또 하나의 가르침

* * *

체 게바라와 김원봉에게서 내가 배운 또 하나의 가르침은 억강부약(抑强扶弱)의 정신이다. 강한 자는 억누르고 약한 자는 북돋워 일으킨다. 이런 억강부약의 정신에는 민주주의 정치가 추구하는 가치와 목표가 고스란히 담겼다. 그런데 나는 그와는 정반대로 약한 사람은 무시하고 짓밟으면서 강한 자에게는 굴종하고 아첨하는 정치인을 너무 많이 봐왔다. 그런 사람은 정치인의 탈만 썼지 실상은 뒷골목 깡패나 다름없다.

억강부약의 정신은 오래되었다. 중국의 《삼국지》〈위지(魏志)〉 '왕수전(王修傳)'에 "정치란 강한 이를 누르고 약한 이를 돕는 것"이라고 했으며, 《논어》〈계씨편〉에도 비슷한 얘기가 나온다.

공자는 제자들로부터 노나라 권력자 계강자가 약소국 전유를 공격하려 한다는 말을 전해 듣고 무릇 군주와 가장은 "적음을 걱정하는 대신 고르지 못함을 걱정해야 하며, 가난함을 근심하는 대신 편안하지 못함을 근심해야 한다(不患寡而患不均 不患貧而患不安)"며 이를 만류했다. 통치자라면 마땅히 백성이 많고 적음에 구애받지 않고 백성이 모두 고루 잘 살게 하는 데에 신경을 써야 한다는 것이다.

이재명 대통령도 2010년 성남시장 시절부터 이 말을 자주 써왔다. 2021년 대선 경선 출마 선언은 물론 지난 대선의 마지막 여의도 유세와 당선자 수락 연설, 대통령 취임 연설에서도 이 말이 어김없이 등장했다.

"혐오와 대결을 넘어 존중하고 공존하고 협력하면서 함께 어우러져 행복하게 살아가는 진정한 공동체를 꼭 만들겠습니다. 대통령의 책임은 국민을 통합시키는 것입니다. 결코 잊지 않겠습니다. 어우러져 함께 살아가는, 공평하게 기회를 함께 누리는 억강부약(抑强扶弱)의 대동세상(大同世上)을 우리 함께 만들어가면 좋겠습니다."

다산 정약용도 억강부약을 목민관들이 힘써야 할 일이라고 강조했다.

"정치란 약자의 눈물을 닦아주는 것"이라고 한 김대중 전 대통령의 말도 "특권 없는 사회"를 강조한 노무현 전 대통령의 말도 억강부약의 정신과 같은 맥락에 닿아 있다.

이재명 대통령과 함께하는 억강부약 대동세상

* * *

이재명 대통령은 취임 당일 오전 국회에서 취임 선서 후 청소 노동자와 방호 직원을 만나 악수하고 사진을 찍으며 감사 인사를 전했다. 12.3 비상계엄 선포 때 계엄군의 국회 침탈을 최전선에서 막아내며 혼란스럽던 민의의 전당을 깨끗이 청소했기 때문이라고 했다. 아무리 좋은 말도 행동으로 이어질 때라야 비로소 그 말에 신뢰가 생기고 의미가 보존된다. 대개 억강의 대상은 교활하고 부약의 대상은 무지할 수 있어 실천하기가 쉽지 않다.

이재명 대통령이 펼칠 억강부약의 대동세상이 조만간 서서히 모습을 드러낼 것이다.

"이재명은 무죄"라고 목 놓아 외친 심정으로

* * *

2025년 3월 26일 오후, 서울고등법원에서 열린 더불어민주당 이재명 대표의 '위증교사 혐의' 사건 2심 선고가 무죄로 판결되는 순간 지지자들과 법원 근처에 있던 나는, "이재명은 무죄!"를 목놓아 외치다가 그 소식을 듣고는 기뻐서 하늘을 향해 감격의 눈물을 터뜨렸다.

나는 이재명 대통령이 경기지사 시절에 윤석열 정권으로부터 핍박받을 때부터 '이재명 지키기'에 누구보다 앞장서 부산에서 경기

도와 서울을 이웃집 드나들 듯 자주 오가며 치열하게 싸웠다.

"이재명은 무죄다!"

2021년 경기도 국정감사에서도 이재명 경기지사는 윤석열 정권의 집중 표적이었다. 윤석열 정권 출범 이후 먼지 털이식 수사가 이재명과 그 가족 그리고 측근에 집중된 가운데 여기서도 예외 없이 이재명 죽이기 음모가 마구잡이로 쏟아졌다. 그러면 검찰은 그걸 그대로 받아서 이 잡듯이 뒤지고 자백을 강요했다.

나는 당시 경기도 국감장과 여의도 국회 앞에 출근하다시피 하며 "이재명은 무죄다!" 피켓을 들고 1인 시위를 이어갔다. 나를 비롯한

민주시민들의 열렬한 이재명 지키기 투쟁은 이재명이 온갖 억압과 누명을 뚫고 경기지사로서, 당 대표로서 책무를 완수하면서 대통령이 이르는 길에 닿도록 힘을 보탰다.

그뿐이 아니다. 2019년 9월, 당시 이재명 경기지사가 항소심에서 벌금 300만 원을 선고받아 지사직 상실 위기에 처했을 때도 경기도청으로 올라가 이재명 무죄를 외치며 검찰의 전횡에 맞서 싸웠다.

직권남용과 공직선거법 위반 등 4가지 혐의에 대해 모두 무죄를 선고했던 1심과 달리 친형 강제입원과 관련해 허위사실 공표 혐의를 인정하여 항소심 재판부가 당선 무효에 해당하는 유죄를 선고한

것이다.

　우리는 대법원 판결이 나기까지 쉬지 않고 싸워 이겼다. 대법원이 공정하게 판단하여 무죄 취지로 사건을 돌려보냄으로써 이재명은 지사직을 지키게 되었다. 검찰 독재에 대항한 민주주의 승리였다.

내가 추구하는 생활 정치는 바로 밥 먹여주는 정치,
오늘 지금 국민을 행복한 정치다.
먼 미래의 무지갯빛 환상으로 현실의 부조리와 고통을
속이는 기만의 정치가 아니라 현실의 문제를
솔직히 인정하고 그것을 해결하기 위해
지금 행동하는 정직한 정치다.

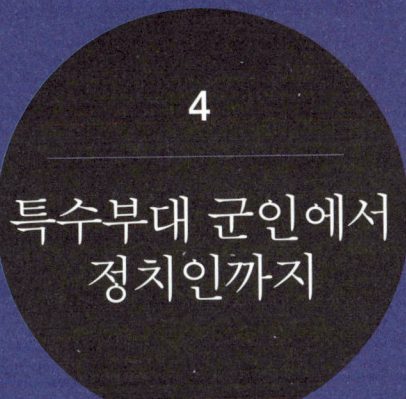

4

특수부대 군인에서
정치인까지

01

젊은날의
UDU 요원

나는 특임부대에서 66개월을 복무하고 1980년에 전역했다. 특임
부대 요원은 살아서 전역하는 일 자체가 기적 같은 축복이다. 임무
특성상 신체 능력이 가장 왕성한 십대 후반부터
이십대 중반 이전까지의 요원이 주축을 이루고,
이십 대 중반을 넘기면 대개 전역하거나 다른 부대로 전보한다.

특임부대까지 동원한 한밤중의 비상계엄령

* * *

2024년 12월 3일, 평화로운 밤중에 대통령의 느닷없는 비상계엄 선포가 온 국민의 혼을 쏙 빼놓았다. 정치인은 물론 시민들도 여러 경로로 확인을 거친 다음에야 농담이 아니라 현실이라는 걸 인식했을 만큼 비현실적이고 당혹스러운 사태였다. 현직 대통령이 내란이라니? 행동대장을 맡은 전직 정보사령관 노상원의 메모로 드러난 내란의 실행 계획은 끔찍하고도 참혹했다.

그런 중에 내가 더 놀란 것은 내란에 동원했거나 동원하려 한 특수부대의 존재였다. 군인은 명령에 살고 명령에 죽는 존재지만, 그것은 개인이 아니라 국가에 충성하는 명령이어야 하고 합헌·합법적인 명령이어야 한다는 전제가 따른다. 특히 특수부대 요원들은 국가가 명령하면 언제든지 목숨도 초개처럼 버릴 수 있도록 정신무장된 데다가 일당백의 신체 능력을 갖추도록 고도로 훈련된 인간병기다. 존재 자체가 보안인 이런 부대를 내란에 동원하고도 "잠시의 경고성 계엄이었다"고 발뺌하는 윤석열을 보면서 기가 찼다.

윤석열은 이날 비상계엄 선포에 따른 내란에 국회 장악 및 요인 체포 등을 위해 육군특수전사령부(특전사)와 국군정보사령부(정보사) 소속의 정예 특수부대들을 대거 동원했다.

특전사가 국회 진입 및 봉쇄의 핵심 역할을 했다. 특전사 예하 최정예 대테러 부대인 제707특수임무단이 헬기를 통해 국회 본청 옥상으로 진입하여 내부 장악을 시도했다. 제1공수특전여단은 국회 외곽과 정문을 봉쇄하고 내부로 진입하여 의원들의 본회의장 진입을 차단했다. 그리고 제3공수특전여단 및 제9공수특전여단은 중앙선거관리위원회 장악과 주요 시설 확보에 투입되었다.

정보사 예하의 북파공작 부대로 알려진 HID(특수임무대)는 선거관리위원회 서버 확보 및 주요 인사 체포를 목적으로 판교 등지에 대기하거나 현장에 투입되었다. 그리고 수도방위사령부(수방사) 예하 제1경비단은 국회 주변 경비와 도로 봉쇄를 담당하면서 특전사와 합동 작전을 펼쳤다.

윤석열은 내란을 위해 특수부대 요원을 포함한 군 병력 및 경찰 4,700여 명을 동원했다. 군 병력이 주로 특수부대인 것을 고려하면 사단 병력 이상의 무력을 내란에 직접 동원한 셈이다.

내란 사태로 인해 관련 부대 지휘관들이 내란죄 혐의로 수사를 받고 있으며, 당시 현장에 투입된 장병 상당수가 정신적 충격 등으로 전역이나 휴직을 신청하는 등 고통을 겪고 있다. 북한군의 이상징후와 책동에 대응한다는 출동 명령을 받고 와 보니 대한민국 서울의 국회라니? 이건 뭔가 이상하다. 명령을 따를 것인가 말 것인가, 어찌 고민되지 않을 것인가. 그래도 5.18의 학습 효과가 발휘되어서

천만다행이었다. 거기서 시민을 향해 발포하고 피를 본다면 어떤 사태가 벌어지리라는 건 장병들도 훤히 안 것이다.

특임부대의 무시무시한 신체 능력

* * *

나 역시 특수부대 출신이라서 그 병사들이 처지가 남의 일 같지 않았다. 최정예 특임부대의 훈련 강도는 상상을 초월한다. 나의 UDU 훈련 입소 동기는 100명에 이르지만, 끝까지 훈련을 견뎌내고

부사관으로 임용된 인원은 20명에 불과하다. 다들 체력 하나는 자신하던 강건이었지만, 8할이 중도탈락한 것이다. 그러므로 끝까지 훈련을 마친 정식 요원은 강건하기가 무쇠 같고 민첩하기가 바람 같아 흔히 말하는 17:1의 만화를 가볍게 현실로 만들어 버릴 능력을 갖춘, 무시무시한 인간병기인 것이다.

위의 기사에서 언급한 HID는 UDU와 더불어 정보사 예하 특임부대로 쌍벽을 이룬다. 두 부대 모두 적진 침투, 정보 수집, 척살, 폭파 등의 비밀 임무를 수행하지만, 그 장소가 다르다. HID의 임무는 육상에서 이루어지고, UDU의 임무는 공중·육상은 물론 수중까지 포괄한다. 두 부대 모두 명령체계는 국군정보사령부 직할이지만, 명목상 신분은 해군이다. 그래서 해군 첩보부대로 불리기도 한다. 참고로, 수중 침투는 육상 침투와는 비할 바 없이 위험하고 그 난이도가 높다. 따라서 그에 따른 훈련 강도도 UDU의 레벨이 훨씬 높다. 수중에서도 육상에서처럼 자유자재로 움직일 수 있어야 하므로 고도의 신체 단련과 잠수 기술이 필요하다.

나는 이런 특임부대에서 66개월을 복무하고 1980년 10월에 전역했다.

특임부대 요원은 살아서 전역하는 일 자체가 기적 같은 축복이다. 임무 특성상 신체 능력이 가장 왕성한 십대 후반부터 이십대 중반 이전까지의 요원이 주축을 이루고, 이십대 중반을 넘기면 대개 전역하거나 다른 부대로 전보한다. 그때까지 살아있다면 말이다.

나는 다행히 살아남아서 부사관으로서 5년(6개월 훈련 기간은 제외)의 복무를 마치고 전역할 수 있었다.

평생을 떠안고 살아온 손가락 부상

* * *

1978년 서해 지역에서 임무를 수행하던 중 손가락 부상을 입었으나, 당시 여건상 적절한 치료를 받지 못했다.

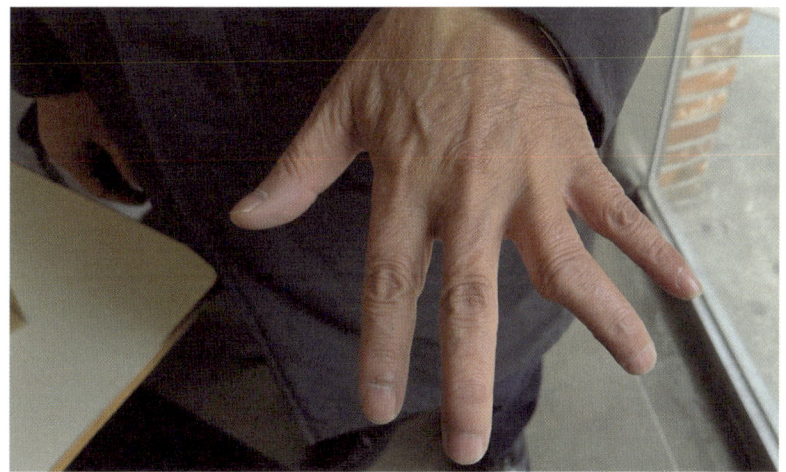

지금도 상처로 남아있는 손가락

이후 사회에 복귀한 뒤 여러 병원을 찾아 치료를 시도했지만, 이미 손가락이 심하게 굽은 상태에서 수술을 진행할 경우 신경이 손상될 가능성이 크다는 의료진의 소견에 따라, 불편함을 감수하고 현 상태를 유지하는 것이 최선이라는 판단을 받았다.

그렇게 치료의 기회를 놓친 채, 나는 50년 가까운 세월을 이 장애를 안고 살아오고 있다.

02

6.10항쟁의
한가운데서

6월 항쟁은 군사독재의 종식을 알리는 계기가 되었지만,
군사쿠데타의 두 주역 가운데 한 사람이 또 대통령이 됨에 따라
군사정권이 완전히 청산된 것은 아니었다.
그렇더라도 사회 전반에 민주주의의 이념과 제도가
뿌리내리고 각계각층의 민주적 시민운동이 비약적으로
발전하는 계기가 되었다.

6.10항쟁의 열기를 온몸으로 안고

＊ ＊ ＊

나는 군 전역 후 폭파 전문 민간기업에서 일하다가 중상을 입고 겨우 살아난 이후로는 그 일을 그만두었다. 이후 평범한 시민으로 살아가던 나는 1987년의 거대한 정치적 파고를 맞아 크게 각성했다. 그해 6.10항쟁을 계기로 나의 가치관과 인생 항로가 요동쳐 격변한 것이다.

서울에서도 그랬겠지만, 부산에서도 6.10항쟁의 열기는 뜨거웠다. 1980년 민주화의 봄을 총칼로 짓밟고 권력을 탈취한 세력의 영구집권을 막느냐 막지 못하느냐 하는 절체절명의 시점이었다. 독재자 전두환은 1986년 5.3 인천 민주항쟁을 무력 진압하고, 1987년 4.3 호헌 선언을 감행한 데서 보듯이 거세게 터져 나오는 민주화 투쟁의 봇물을 무력으로 진압할 작정이었다. 끝내 피를 보고 말 결심을 한 것이다.

다음은 5.3 인천 민주항쟁의 발단과 경과 그리고 사후 처리를 정리한 기사다.

5.3 인천 민주항쟁은 1986년 5월 3일 재야 및 학생 운동권이 민주시민과 더불어 국민 헌법 제정과 헌법 제정 민중 회의 소집을 요구하는 시위

를 벌인 민주화운동이다.

신한민주당은 1986년 2월 12일 직선제 개헌을 위한 1,000만 서명 운동을 벌였다. 초기에는 제도권 야당인 신한민주당과 김영삼 · 김대중이 주도하는 민주화추진협의회(민추협)가 중심이 되었지만, 30만이 운집한 광주 대회에서는 신한민주당 측의 자제 요청에도 불구하고 "광주학살 책임자 처벌!" 구호가 나타나고, 10만이 모인 대구 대회에서는 재야운동 단체인 민통련의 독자적 플래카드가 등장하는 등 신민당과는 별도의 군중대회가 진행되는 모습을 띠기 시작했다.

그러자 4월 29일, 김대중 민추협 공동 의장이 소수 학생의 과격한 주장을 지지할 수 없다는 뜻을 밝히고, 다음 날 청와대 영수회담에서 이민우 신한민주당 총재가 좌익 학생들을 단호하게 다스려야 한다는 발언을 하여 급진 세력과 단절하겠다는 의사를 밝혔다.

이러한 입장 표명에 분개한 재야와 운동권 세력은, 5월 3일 신한민주당 개헌추진위원회 인천 및 경기지부 결성대회가 열릴 예정이던 인천시민회관에서 대회 시작 전부터 격렬한 시위를 벌였고, 이에 따른 경찰 투입으로 대회는 당지도부가 대회장으로 입장하지도 못한 채 무산되었다.

1만여 명의 시위대는 도로를 장악하고 산발적인 시위를 하다가 오후가 되면서 스크럼을 짜고 화염병과 돌을 던지며 경찰과 충돌하였다. 시위대는 신한민주당의 각성을 요구하고 이원집정 개헌 반대를 외치며 국민 헌법 제정과 헌법 제정 민중 회의 소집을 요구했다.

이와 관련하여 319명이 연행되고 129명이 구속되었다. 김영삼 · 김대중 중심의 제도권 야당과 재야 및 학생 운동권 세력의 공조는 1987년 4월에서야 회복되었다.

12대 총선 이후 급부상한 신민당을 거북해하던 민정당은 이 사건 이후로 갑자기 "폭력적인 좌경 급진 세력의 확산을 막기 위한 보수 대연합"을 주장하며 신민당을 비롯한 야당들과 대통합을 추진하기 시작했다. 물론 당시에는 야당들로부터 호응이 없어 성사되지 않았으나, 민주정의당은 제6공화국 출범 뒤로도 꾸준히 보수 대연합을 주장, 결국 1990년 3당 합당이 일어나며 보수 대연합은 현실화했다.

(출처: https://ko.wikipedia.org/wiki/)

그러나 이미 광주 5.18을 겪은 민주시민들은 그렇게 되도록 내버려 두지 않았다. 전두환이 피를 부르기로 작정을 했다면 기꺼이 피를 흘려서라도 이참에 민주주의를 회복하고 말겠다는 굳은 의지가 들불이 되어 맹렬하게 타올랐다. 나도 그 6.10항쟁의 한가운데 서서 목이 터지도록 대통령 직선 개헌을 외치며 승리를 향해 나아갔다.

마침내 승리하기까지

＊ ＊ ＊

1987년 대한민국의 6월은 민주화 투쟁의 열기로 내내 뜨거웠다. 횃불로 일어난 투쟁은 들불로 번져 온 나라가 민주화 열기에 휩싸였다. 6월 항쟁이 있기까지 독재정권의 숱한 도발이 있었고, 이에 맞선 숱한 희생이 있었다.

1986년 5.3 인천 민주항쟁, 그해 6월 부천경찰서 성고문 사건, 이어 그해 10.28 건국대학교 학생 민주화운동, 1987년 1월 14일 박종철 고문치사 사건, 그해 4.13 호헌 조치로 인한 국민적 분노의 물결, 결정적으로는 그해 6월 9일 이한열 최루탄 피격 사건이 6.10항쟁의 도화선이 되었다. 이날부터 6월 29일 전두환 정권의 항복선언이 있기까지 민주화 투쟁은 하루도 멈추지 않고 더욱 뜨겁게 타올랐다.

6.10항쟁의 참여 인원은 500만여 명에 이르고 이를 진압하기 위해 동원된 경찰력만 8만여 명에 이르렀다. 이에 놀란 정권은 4.3 호헌 조치를 거둬들이고 6월 29일, 민정당 대표 노태우의 명의로 대통령 직선제로의 개헌을 천명한 수습안을 발표했다. 이른바 6.29선언이다. 그리하여 1987년 12월 16일, 마침내 새 헌법에 따른 대통령선거가 국민투표로 치러졌다.

4.13 호헌 조치가 지른 항쟁의 불길

＊ ＊ ＊

사실 6.10항쟁은 국민의 여망을 무시한 전두환의 4.13 호헌 조치로 인해 촉발되었다. 모든 개헌논의를 유보하고 정권을 자신이 정한 후계자에게 물려주겠다는 것이었다. 전두환은 1987년 4월 13일, '대통령 특별담화'를 통해 일체의 개헌 논의를 유보하겠다고 밝혔다. 개헌 논의를 사실상 금지한 것이다. 다음은 그때의 담화문 요약 발췌문이다. 이 내용을 알아야 6.10항쟁의 발단을 알 수 있으므로 여기 싣는다.

친애하는 국민 여러분!

본인은 오늘 국민 여러분께서 그동안 큰 관심을 가져오신 개헌 문제에 관해서 본인이 깊이 생각해 온 바를 직접 말씀드리고 국민의 이해와 협조를 구하고자 합니다.

야당이 국회에 헌법개정특별위원회 구성을 요구했을 때 이에 응해준 것도 그렇습니다만, 특히 그 구성을 여야동수로 한 것은 다수당으로서는 도저히 생각하기 어려운 큰 양보라고 하지 않을 수 없습니다. **그리고 무엇보다도 여당이 개헌하지 않겠다는 종전의 당론을 변경하면서까지 의원내각제 개헌안을 마련해서 내놓은 것도 진정한 타협의 자세를 실**

천해 보인 것이라고 할 것입니다.

이 밖에도 여러 차례의 여야 대표회담을 통해 헌법특위의 정상화를 위한 온갖 노력을 기울였을 뿐만 아니라, 기회 있을 때마다 야당의 요구를 적극적으로 수용하여 진지한 협상을 모색해왔던 것입니다.

이러한 꾸준한 노력에도 불구하고 야당은 대통령직선제라는 당론만을 고집하면서 지금까지 단 한 차례의 양보도 한 일이 없습니다. 도대체 소수당이 일체의 타협을 배제하고 어떻게 헌법 문제를 해결하며, 또 어떻게 민주주의를 하겠다는 것인지 참으로 이해하기 어렵습니다.

국민 여러분.

앞에서도 말씀드린 바와 같이 민정당이 그동안 합의개헌을 위해 끈질긴 노력을 다해왔으나 이제 합의개헌의 전망은 절망적이고 더 기다릴 시간적 여유도 없다는 것이 분명해졌습니다.

현재 우리가 남겨두고 있는 기간은 정부를 이양하기 위한 실질적인 준비 작업을 진행하고 정치 일정을 추진하는 데에도 결코 넉넉한 시간이 아닙니다. 새 정부의 출범과 관계되는 문제를 시간에 쫓겨 졸속으로 처리하는 것은 그 자체가 시비와 혼란의 원인이 될 수 있을 뿐만 아니라 나라의 장래를 위해서도 실로 무책임한 일이라고 할 것입니다. 이 시점에서 본인은 얼마 남지 않은 촉박한 임기와 현재의 국가적 상황을 종합적으로 판단하여 중대한 결단을 내리지 않으면 안 되게 되었습니다.

이제 본인은 임기 중 개헌이 불가능하다고 판단하고 현행 헌법에 따라 내년 2월 25일 본인의 임기 만료와 더불어 후임자에게 정부를 이양할 것을 천명하는 바입니다.

이와 함께 본인은 평화적인 정부 이양과 서울올림픽이라는 양대 국가 대사를 성공적으로 치르기 위해서 국론을 분열시키고 국력을 낭비하는 소모적인 개헌 논의를 지양할 것을 선언합니다.

본인은 오늘 여러분에게 밝힌 결단에 따라 앞으로 평화적 정부 이양을 위한 정치 일정을 신속하게 진행해 나가야만 합니다. 대통령 선거인단 선거와 대통령선거는 금년 안에 공정한 선거 관리를 통해 자유 경선의 분위기가 보장되는 가운데 차질 없이 실시되도록 모든 노력을 다할 것입니다.

민주정의당의 후임 대통령 후보는 조속한 시일 내에 국민의 지지를 받을 수 있는 인물 중에서 당헌 절차와 민주 방식에 따라 전당대회에서 선출되도록 할 것입니다.

국민 여러분.

본인이 거듭 강조하고 싶은 것은 이 결단의 참뜻은 어떻게 하든지 파국을 막고 어디까지나 정상적인 헌정 절차에 따라 명예로운 퇴임을 매듭 짓고자 하는 데 있다는 사실입니다. 그럼에도 불구하고 부질없는 **개헌 타령에만 골몰하여 불법과 폭력으로 사회 혼란을 조성하고 국민 생활을 불안하게 하는 일이 있다면 본인은 국민 생활의 안전과 사회 질서의**

유지를 위해서 헌법이 대통령에게 부여하고 있는 모든 권한에 따라 단호하게 대처할 것임을 밝혀두는 바입니다.

지난 40년간 우리의 안보를 위협해온 북한 공산집단은 정권교체기의 진통을 그들의 적화 목적을 달성하기 위한 결정적 시기로 오판하고 있으며 서울올림픽의 성공적 개최를 시기한 나머지 갖은 방해 책동을 다하는 실정입니다.

이러한 시기에 정치 불안과 사회 혼란이 과연 우리에게 무엇을 가져다 줄 수 있겠습니까? 그것은 우리 국민이 그동안 피땀 흘려 쌓아 올린 자력 성장의 토대마저 파괴해버릴 위험이 있는 것입니다. 이에 따라 경제 후퇴와 국가 위기의 악순환이 시작될 수밖에 없는 것입니다. 그렇지 않아도 사회 일각에서는 과격한 좌경 세력이 민주화라는 가면 아래 자유민주주의 자체를 부정하고 불법과 선동으로 공산주의 세상을 세우겠다고 준동하고 있지 않습니까.

본인은 자유민주주의 체제를 전복하려는 폭력 좌경 세력을 엄정하게 다스리고 전환기에 해이해지기 쉬운 사회 기강을 엄격하게 확립함으로써 국기를 튼튼히 다져나갈 것입니다.

국민 여러분.

본인이 강조하고 싶은 것은 **이제는 우리의 정치도 시대의 변천과 사회의 발전에 따라 꾸준한 신진대사가 이루어져야 한다는 사실입니다.** 낡은 시대의 낡은 사고방식에 젖어 있는 인물에게 발전하는 나라의 장래를 의탁할 수는 없는 것입니다. 그러한 점에서 전환기의 정치를 이끌어 나갈 참신하고 유능한 정치 신진들을 광범위하게 포용하고 육성하는 정당의 노력은 매우 필요하다고 하겠습니다.

우리는 이제 굴절된 40년 정치사가 남긴 악순환의 굴레에서 완전히 벗어나야 할 단계를 맞이하고 있습니다. 정치 세력 간의 불신과 적대의식, 대화와 타협을 두려워하는 기이한 정치 풍토, 그리고 폭력과 선동으로 국력을 낭비해온 극한투쟁의 후진적 양상은 하루속히 사라져야 하는 것입니다.

전두환의 담화문이 전하는 메시지는 분명하다. 개헌을 추진하겠다면 내각제 개헌을 해서 자신은 상왕으로 배후에서 영향력을 행사하겠다는 것이다. 여당이 개헌안을 제시했는데도 야당이 "망국적인 대통령 직선제 개헌"만 고집하고 있으니, 촉박한 정치 일정을 고려하여 개헌 논의를 멈추고 권력을 자신이 지명한 후계자에게 넘기겠다는 책략을 평화적인 정권 교체로 포장했다. 그리고 3김의 영향력을 배제하기 위해 그들을 구시대의 구태 정치인으로 폄훼하고 민주화운동 세력을 폭력 좌경 세력으로 낙인찍어 척결하겠다는 협박을 담았다. 그리고 '호헌 조치'라는 그 이름대로 현행 헌법에 따라 권력을 이양한다는 것이 그 뼈대다. 전두환 일당은 국민을 바보로 알

앞는지 담화문이 국민의 큰 지지를 받을 것이라 믿었지만, 오히려 성난 민심에 기름을 끼얹는 꼴이 되었다. 곧바로 이튿날인 4월 14일 천주교 김수환 추기경 등 각계 인사들이 연대 서명으로 호헌 조치를 비판하는 시국 성명을 발표했다.

언제나 그렇듯이 이때도 민주화운동에 찬물을 끼얹는 내부의 적이 출현했다. 대통령 직선제 개헌이 대다수 국민의 여망인데도 신한민주당의 이민우 총재, 이철승 등이 전두환의 내각제 개헌에 지지 의사를 밝힌 것이다. 이에 반발한 김영삼, 김대중 등은 70여 의원들과 함께 신한민주당을 탈당하여 통일민주당 창당을 추진했다.

이에 전두환이 그냥 넘어갈 리 없었다. 1987년 4월 20일부터 4월 24일까지, 통일민주당의 20여 지구당에 폭력배들이 난입하여 기물을 부수고 당원들을 폭행하는 등 난동을 부렸다. 통일민주당 창당 방해 사건으로 이른바 '용팔이 사건'이다. 사건 주동자 김용남의 별명이 '용팔이'여서 그렇게 불렸다. 이로 인해 창당대회는 인근 식당이나 길거리에서 약식으로 치러졌다. 통일민주당 측은 정권이 개입한 비열한 정치 공작이라 규탄하고 엄정한 수사를 촉구하였으나 수사는 제대로 진행되지 않았다.

1987년 5월 18일, 명동성당에서 열린 광주항쟁 7주년 미사에서 정의구현사제단 김승훈 신부가 박종철 고문치사 사건이 경찰에 의해 축소·은폐되었다고 폭로했다. 이에 '박종철 고문살인은폐조작

규탄 범국민대회 준비위원회'가 결성되고, 6월 10일에 대규모 규탄 대회를 열기로 했다(그날 노태우가 민정당 대선 후보로 선출되었다).

그해 5월 27일, 전국의 재야지도자 2,200여 명이 함께 민주헌법쟁취국민운동본부를 결성하고, 한국 기독교 장로회 향린교회에서 발기인 대회를 열어 '호헌 조치 철회 및 직선제 개헌 공동쟁취 선언'을 발표했다.

1987년 6월 10일, 잠실체육관에서 민주정의당 제4차 전당대회 및 대통령 후보 지명대회 개회가 열려 노태우가 민정당의 제13대 대통령 후보로 선출되었다. 같은 날, 전국적으로 반정부 민주화 시위가 일어났다. 정부 여당은 당정회의를 잇달아 열어서 대응 방안을 논의했지만, 이후 벌어진 일련의 사태로 인해 시위는 전국적으로 걷잡을 수 없이 번져 6월 18일이 지나면서는 경찰력만으로는 시위행진을 제압할 방도가 없게 되었다.

이에 민정당 대선 후보 노태우는 전두환에게 직선제 개헌안 수용을 건의하여 승인을 받아냈다. 이후 노태우는 대통령선거 직선제 개헌, 김대중 사면 복권 및 구속자 석방 및 사면, 감형 등을 비롯하여 야당과 재야 세력이 주장해온 민주화를 위한 요구를 대폭 수용하는 내용의 8개 항의 시국수습방안(6·29 선언)을 발표했다.

6.29 항복선언 이후 전두환이 몰락하고 직선제 개헌이 본격적으로 추진됨으로써 개헌을 위한 국민투표를 거쳐 1987년 10월, 대통

령 직선제 개헌이 이루어졌다. 그리하여 16년 만에 대통령선거가 직접선거로 치러졌지만, 김대중과 김영삼의 분열로 인해 민정당의 노태우 후보가 어부지리로 제13대 대통령에 당선되어 군사정권 청산은 다음 기회로 미뤄졌다. 6.10항쟁에 나서 대통령 직선제 개헌을 쟁취한 민주시민들은 양김의 분열에 엄청난 배신감을 느꼈다.

어쨌든 6월 항쟁은 군사독재의 종식을 알리는 계기가 되었지만, 군사쿠데타의 두 주역 가운데 한 사람이 또 대통령이 됨에 따라 군사정권이 완전히 청산된 것은 아니었다. 그렇더라도 사회 전반에 민주주의의 이념과 제도가 뿌리내리고 각계각층의 민주적 시민운동이 비약적으로 발전하는 계기가 되었다.

03

2010년, 정치 속으로

나는 나의 등불이 꺼진 이 엄청난 사건으로 인해

정치로 나아갈 마음을 확실히 굳혔다.

그 등불을 내가 다시 밝히고 싶었다.

그래서 그가 내게 그랬듯이 나도 그 등불로

다른 사람들을 비춰주고 싶었다.

나는 이듬해 제5회 전국동시지방선거에서 국민참여당 후보로

영도구의원에 출마하여 당선되었다.

내 나이 쉰셋에 제도권 정치 인생을 시작했다.

치졸한 정치보복이 부른 비극

* * *

나는 6.10항쟁 속에서 민주시민으로서 정치에 눈을 뜨고, 깨어있는 시민의 연대가 세상을 어떻게 바꾸는지를 똑똑히 보고 겪었다.

1987년 6월 그 뜨겁던 항쟁의 거리 한가운데서 포효하듯 '호헌 철폐, 민주 헌법 쟁취'를 외치던 노무현을 보며 함께 가슴이 뜨거웠다. 그리고 이듬해 5공 청문회에서 권력자들을 향해 거침없이 죄상을 추궁하던 국회의원 노무현을 보며 나도 정치하면 저렇게 해야겠다고 마음먹었다.

그런 노무현이 2003년 대통령이 되어 '사람 사는 세상'을 위해 진력하다가 2008년 퇴임하고 고향 봉하로 내려가 농부가 되는 노정을 빠짐없이 지켜보았다. 그가 걸어간 길은 정치의 꿈을 키워가는 내게 그대로 다 등불이 되고 따라야 할 길이 되었다. 그는 퇴임하고 오히려 국민적 인기가 높아졌다. '노통'이 '노짱'이 된 것이다.

건설회사 사장 출신의 협잡꾼 이명박이 회사에서 쫓겨난 이후 자기 인생을 '신화'로 부풀린 책 덕분에 서울시장이 되더니 청계천을 복원한답시고 시멘트 수로를 만들어 반짝인기를 끌고 전국을 삽질 공화국으로 만들겠다는 공약을 내걸어 대통령 자리에 올랐다. 대통령이 된 지 얼마 안 되어 소고기 파동으로 정치적 위기에 처한 그는 노무현을 파렴치범으로 만들어 그 위기에서 벗어나려고 그랬는지 모든 수사력과 언론을 동원하여 노무현은 물론 그의 가족, 친인척과 지인 그리고 전 정부 참모들까지 탈탈 털어 없는 죄까지 뒤집어 씌웠다. 검찰의 발표를 그대로 받아 써서 연일 피의사실을 유포하던 언론은 급기야 '논두렁 시계'로 그에게 모멸감을 안겼다. 노무현은 자기 때문에 가족과 주변 사람들이 고통을 당하는 일을 가장 괴로워했다. 이명박은 그를 벼랑으로 내몰았다.

2009년 5월 23일, 노무현은 주변을 구하기 위해 내몰린 벼랑에 자신을 던졌다. 형식은 자살이지만, 실질은 명백한 타살이었다. 느닷없이 등불을 잃은 나는 하늘이 무너지는 슬픔에 잠겼다.

이제는 '생활정치'가 대세

* * *

나는 나의 등불이 꺼진 이 엄청난 사건으로 인해 정치로 나아갈 마음을 확실히 굳혔다. 그 등불을 내가 다시 밝히고 싶었다. 그래서 그가 내게 그랬듯이 나도 그 등불로 다른 사람들을 비춰주고 싶었다.

나는 이듬해 제5회 전국동시지방선거에서 국민참여당 후보로 영도구의원에 출마하여 당선되었다. 내 나이 쉰셋에 제도권 정치 인생을 시작했다.

내가 내건 정치는 '생활정치'다. 뜬구름 잡는 구호 정치, 실체는 없고 관념으로만 부풀리는 기만의 정치가 아니라 기층의 삶과 직결되는 정치가 생활정치다. 먼 미래의 막연한 약속이 아니라 바로 눈앞의 문제를 해결하는 구체적인 실천의 정치가 생활정치다.

2025년 7월 13일, 이재명 대통령은 세계정치학회(IPSA) 기조연설에서 "민주주의가 밥 먹여준다는 것 증명해야 한다"고 했다. 밥 먹여주는 정치가 바로 생활정치다. '양극화 사회에서 독재화에 저항하기'를 주제로 열린 IPSA 세계대회에는 103개국 3,500여 명의 정치학자와 전문가 등이 참가했다. '정치학계 올림픽'으로 불리는 IPSA 세계대회는 격년으로 열리는데, 서울에서 총회가 열린 것은 28년 만이다.

이재명은 대통령은 이 자리에서 기조연설을 통해 정치와 민주주의에 관해 매우 중요한 메시지를 던졌다. 다음은 이 대통령이 기조연설 요약 발췌문이다.

저는 우리 대한민국이 전 세계 역사에 남을 위대한 민주주의의 새로운 길을 열고 있다고 자부합니다.
우리는 어릴 적부터 민주주의를 배우고, 민주주의는 그리스의 아테네가 상징하고 있지만, 앞으로는 민주주의의 위기가 도래하면 새로운 이 세상의 환경에서 진정한 주권자들의 의지가 일상적으로 정치에 반영되는 제대로 된 민주주의, 확실한 민주주의의 새로운 전범은 대한민국 서울에서 시작된다는 것을 전 세계인들에게 알리고 싶습니다.

우리 대한민국은 전쟁의 폐허와 외환위기의 국난을 딛고 세계 10위 경제 강국으로 성장한 나라입니다. 동시에, 독재정권의 억압을 딛고 민주주의를 쟁취해낸 모범적인 민주주의 국가이기도 합니다.

그러나 여러분 모두가 생생하게 기억하시는 것처럼, 지난해 12월 3일, 이 대한민국에서는 감히 상상조차 하기 어려웠던 '친위 군사쿠데타' 가 벌어졌습니다. 12월 3일에 벌어졌던 친위 군사쿠데타는 전 세계를 두 번 놀라게 했습니다.

첫 번째는, 세계 10위의 경제 강국에서 대통령이 자기 권력을 강화하기 위한 친위 군사쿠데타를 일으켰다는 사실이었습니다.

두 번째는, 그 총칼을 든 친위 군사쿠데타 세력을 피 한 방울 흘리지 않고, 평화적으로 국민의 힘으로 이겨냈다는 사실입니다.

경악과 공포는 순식간에 찬사와 경이로움으로 바뀌었습니

다. 지난겨울부터 이번 여름에 이르기까지 6개월 동안, 대한민국이 절망 속에서 발견한 희망, 퇴행 속에서 발견한 도약의 가능성, 그 중간 어딘가쯤에 세계 민주주의의 현실과 과제가 모두 자리하고 있을 것입니다.

12.3 내란은 민주주의 제도의 취약성을 단적으로 드러냈습니다. 그러나 그늘진 담벼락 밑에서도 기어코 빛을 찾아 피어나는 들꽃들처럼, 12.3 내란의 극복 과정은 민주주의가 가진 진정한 힘과 희망을 확실하게 보여주었습니다. 위대한 대한민국 우리 국민은 내란의 어둠에 맞서 평범한 일상을 회복할 장엄한 '빛의 혁명'을 해냈습니다.

123일간 이어진 '빛의 혁명'은 대한민국은 민주공화국이고, 모든 권력은 국민으로부터 나온다는 대한민국 헌법 제1조가 광장에서 실현된 감격의 시간이었습니다. 또한, 민주주의를 완성하는 진정한 힘은 제도 그 자체가 아니라, 민주주의를 지키려는 국민의 간절한 열망과 행동에 있다는 사실을 우리는 뚜렷하게 확인할 수 있었습니다.

우리 대한국민이 보여준 놀라운 회복력과 민주주의의 저력은 대한민국의 것인 동시에 전 세계인들의 것입니다. 우리 국민이 직접 보여준 오색빛 K-민주주의가 길을 찾는 세계의 민주시민들에게 등불이자 새로운 이정표가 될 것으로 확신합니다.

대한민국 국민이 증명해낸 것처럼, 민주주의를 위협하는 모든 것들로부터 승리하는 방법은 오직 '더 많은 민주주의' 뿐입니다.

갈등과 분열을 심화하는 불평등과 양극화, 국민을 갈가리 갈라놓는 정치적 극단주의, 각자도생의 사회 질서가 유발한 고립과 소외에 맞서 공존과 화해, 연대의 다리를 새롭게 놓을 시간입니다. 갈등보다 대화를, 상처보다는 치유를, 대립보다는 화해를, 비난보다는 협력을, 혐오보다 서로를 살피고 돌보는 상생의 가치를 회복해야 할 때입니다.

우리의 미래를 구할 'K-민주주의'의 핵심 정신은 민주주의의 가치인 자유, 평등, 연대를 철저히 복원하는 것입니다.

하지만 제가 말씀드리는 '자유'란 일각에서 말하는 것처럼 단지 간섭받지 않을 자유, 제약받지 않을 자유를 뜻하지는 않습니다. 민생경제를 파괴한 '친위 군사쿠데타'를 통해 목격한 것처럼 민주주의와 경제는 결코 떼놓을 수 없는, 불가분의 관계에 있습니다.

불평등과 양극화, 빈곤의 파고가 성장을 가로막는 위기의 시대, 이때의 '자유'란 곧 '경제'입니다. 자유란 굶주림을 채워줄 따뜻한 식사이고, 삶을 꾸려나갈 수 있는 괜찮은 일자리이고, 빚의 늪에 허덕이는 나를 구해줄 사회안전망입니다.

가족이 함께 식사 시간을 보낼 수 없는 가정에서, 휴게공간도 없이 땡볕을 견뎌내야 하는 일터에서, 어디에 사는지가 삶과 죽음을 결정하는 사회에서, 한 번 탈락하고 실패하면 다시는 일어설 수 없는 그런 나라에서, 어떤 자유가 있겠습니까.

자유롭게 선택할 자유를 넘어선 평등할 자유, 공동체의 향방에 대해서 함께 토론하고 참여할 자유, 미래를 위해 꿈을 포기하지 않을 자유, 자신의 노력으로 삶의 조건을 바꿀 수 있는 자유, 한 사람의 사회구성원으로 자립할 수 있는 자유야말로 우리의 민주주의를 지켜낼 원동력입니다.

우리 옛말에 이런 얘기가 있습니다.

"민주주의가 밥 먹여주냐?"

그러나 우리는 민주주의가 밥 먹여준다는 사실을 증명해내야 합니다. 민주주의야말로 우리 모두의 잠재력과 가능성을 발견하고, 저마다 꿈을 꿀 수 있는 창의와 도전, 희망이 넘칠 나라를 만들 가장 합리적이고 효율적인 정치체제임을 끊임없이 입증해나가야 합니다. 그래야 성장의 탈을 쓴 반민주 세력이 불평등과 빈곤의 틈새를 파고들어 우리의 민주주의를 파괴하지 못하도록 막아낼 수 있는 것입니다.

대한민국 국민은 내란 극복 과정에서, 참여와 연대의 가치를 확인하며 민주주의 역사의 새로운 장을 써내려갔습니다.

이제 우리는 민주주의의 위기를 바로잡은 주권자의 집단지성이 제대로 발현될 수 있는 미래형 민주주의로 나아가야 합니다. 대통령을 비롯한 공직자들은 국민의 대리인으로서, 주권자의 뜻을 늘 반영하고 있다는 신뢰를 회복해야 하고, 고도화된 집단지성의 역량이 민주공화국의 발전에 기여할 수 있도록 민주주의를 혁신하고 또 혁신해야 합니다.

여러분 모두 아시겠지만, 저절로 오는 민주주의는 없습니다. 굴곡진 민주주의의 역사에서 우리가 공짜로 누린 봄은 단 하루도 없었습니다. 우리 평범한 민초들이, 시민들이 분연히 일어났던 역사, 세월이 흘러도 가슴과 뇌리에 새겨진 뚜렷한 기억이 지난 겨울밤 우리를 다시 차가운 거리로 이끌었습니다. 산 자가 죽은 자의 부름에 응답했고, 먼저 떠난 이들이 절망 앞에 선 현재를 일으켜 세웠습니다.

시련이 있어도 도전을 멈추지 않는 역사적 임무를 기꺼이 우리가 자임할 때, 민주주의의 역사는 한 단계씩 발전하며 더 나은 세상을 이끌 새로운 역사로 도약할 수 있었습니다. 민주주의의 새로운 질서를 창조하는 길에, 우리 대한민국이 맨 앞에서 담대하게 나아갈 것입니다. 여전히 민주주의의 힘을,

주권자의 저력을 의심하는 사람들이 있다면 고개를 들어 동방의 나라 대한민국을 바라보라, K-민주주의가 열어갈 희망의 행진을 지켜보라고 말씀드리고 싶습니다.

정치평론가 박성호가 쓴 《정치가 밥 먹여준다》(한스미디어, 2012)에는 우리 정치가 잘못되는 원인의 핵심을 콕 집어 말하는 대사가 나온다. '정치가 나랑 무슨 상관이냐'는 질문에 대한 답이 될 수도 있겠다.

"정치가 잘못되었어. 그래서 사람들이 정치를 외면해. 그러니까 더 정치가 잘못되는 거야. 이 악순환의 고리를 끊지 않고서는 제대로 된 정치를 할 수도 없고, 즐길 수도 없어. 이 역사 속에서 배운 경험을 통해, 새로운 방법을 제안하는 거야. 그 무서운 악순환의 고리를 끊는 유일한 방법은 정치를 즐기는 것밖에 없다는 거지."

내가 추구하는 생활정치는 바로 밥 먹여주는 정치, 오늘 지금 국민을 행복한 정치다. 먼 미래의 무지갯빛 환상으로 현실의 부조리와 고통을 속이는 기만의 정치가 아니라 현실의 문제를 솔직히 인정하고 그것을 해결하기 위해 지금 행동하는 정직한 정치다.

나는 노무현 전 대통령 서거 후 영도에 고인을 추모하는
분향소를 차리고 장례를 치르는 날까지 상제가 되어
한시도 떠나지 않고 조문객을 맞으며 자리를 지켰다.
구청에서는 당혹스러워했지만,
나는 그것이 내가 마땅히 할 도리라고 여겼다.

나의 정치
멘토 노무현

01

5공 청문회와
국회의원 노무현

정치자금 비리와는 어떤 관계도 없는 노무현 의원은
국회를 대표하여 국민의 속을 시원하게 대변함으로써
'청문회 스타'가 되었다.
5공 청문회가 일단락된 1989년,
노무현 의원에게 각계각층에서 강연 요청이 밀려들었다.

헌정 사상 최초의 국회 청문회

＊ ＊ ＊

화무십일홍(花無十日紅), 권불십년(權不十年)이라고 했다. 열흘 넘어 붉은 꽃 없고, 제아무리 센 권력도 십 년 못 간다는 뜻이다. 전두환이 8년 권세를 누리다가 대리인을 내세워 상왕으로 군림하려 한 계획이 틀어지고, 국회 청문회 도마에 올랐다. 전두환의 심복이라던 장세동, 전두환의 일해재단에 거액을 건넨 현대 정주영 명예회장도 출석하여 매서운 추궁을 받아야 했다.

1988년 11월 2일부터 시작된 제5공화국 청문회는 헌정 사상 최초의 청문회로 이듬해 연말까지 진행되었다. 여소야대 국회 덕분에 성사된 청문회의 목적은 5.18 민주화운동 진상조사와 5공 비리를 밝히는 데 있었다. 중간에 민정당의 강짜로 인한 파행으로 중단된 기간이 길어서 실제 청문회 기간은 4개월 남짓이었다.

청문회의 5공 특위는 일해재단의 비리 규명을 위해 정주영, 안현태, 장세동 등 총 18명을 증인으로 채택했다. 이 자리에서 장세동은 전두환의 총알받이를 자처하며 전두환을 적극적으로 변호하면서 국민의 공분을 샀다. 11월 18일 열린 광주특위에는 김대중 당시 평화민주당 의원이 증인으로 참석해 발언하기도 했다.

11월 23일, 전두환 전 대통령은 기자회견을 열어 일해재단 비리를 사죄하고 정치자금 139억여 원과 연희동 자택 및 금융자산 39억여 원을 사회에 환원한다고 밝힌 뒤 강원도 백담사로 향했다. 사실상 유배다.

1989년 3월 이후 중단된 청문회는 그해 10월 7일, 전두환을 증인으로 채택하기로 여야가 합의하면서 재개되었다. 12월 31일, 청문회에 나온 전두환이 질의답변 없이 변명으로 일관한 발표문만을 읽고 나가려 하자 야당 의원들이 거세게 항의하였다. 노무현 의원은 분노를 참지 못하고 의원 명패를 던지기까지 했다.

결국, 5공 청문회는 1988년 12월 10일에 발족한 5공 비리 특별수사부에 수사를 의뢰하여 전경환을 비롯한 전두환 전 대통령의 친인척 10명과 장세동 전 안기부장, 이학봉 전 대통령 민정수석 비서관 등 모두 47명을 구속하고 29명을 불구속 입건한 것을 끝으로 종결되었다.

하지만 정작 5공 비리와 5.18의 핵심인 전두환이 제대로 처벌받지 않았고, 청문회 이후에도 전두환은 광주 학살에 대한 제대로 된 사과는커녕 발포 명령 사실도 끝까지 부인한 채로 버티다 2021년에 사망하면서 오늘날까지 5.18 민주화운동이 망언 및 왜곡과 음모론으로 얼룩지게 만들고 말았다.

청문회 스타의 외로운 싸움이

＊＊＊

청문회에서 노무현 의원이 정주영 명예회장을 추궁한 질문이 매서웠다. 노회한 정주영을 쩔쩔매게 한 초선 의원 노무현은 청문회 스타로 떠올라 온 국민이 다 알게 되었다.

[노무현] 시류에 순응한다는 것이 힘 있는 사람이 하고자 하는 대로 따라간다는 그러한 뜻으로 해석할 수 있겠습니까?

[정주영] 힘 있는 사람에게 잘못 보이면 괴로운 일을 당한다는 것을 말한 것입니다. 적극적으로 영합한다는 것은 아닙니다.

[노무현] 일해재단이 막후 권부라는 것이 공공연히 거론되기 이전에는 묵묵히 추종하다가 그 권력이 퇴조하니까 독자적인 견해, 거스르는 말을 하는 것은 시류에 순응하는 것이 아닙니까? 왜 돈 문제가 아니라면 진작부터 6.29 이전부터 바른말을 하지 못했습니까?

[정주영] 그러한 용기를 가지지 못한 것을 죄송하게 생각합니다.

[노무현] 이렇게 시류에 순응하는 것이 힘이 있을 때는 권력에 붙고 없을 때는 권력과 멀리하여 자라나는 청소년에게 가치관의 오도를 가져오게 하고 정의를 위해 목숨을 바친 수많은 양심적인 사람들의 분노를 일으켰다고 보지 않습니까?

[정주영] ……

[노무현] 본 의원이 증인과 맞대해서 대등한 관계에서 질문할 기회는 흔하지 않습니다. 사회적 영향력에서 본 의원은 100분의 1도 따라가지 못하는 것이 현실입니다. 나는 비애를 느끼며 질문하고 있습니다. 많은 노동자의 피눈물을 옆에서 지켜보면서 함께 가슴이 녹아내리는 느낌을 받으면서 질문하고 있습니다. 절대 권력을 가진 군부에는 5년 동안에 34억 5,000만 원이라는 돈을 널름널름 갖다주면서 내 공장에서 내 돈 벌어주려고 일하다가 죽은 이 노동자에 대해서 4,000만 원을 주느냐, 8,000만 원을 주느냐를 가지고 그렇게 싸워야 합니까? 그것이 인도적입니까? 그것이 기업이 할 일입니까?

이처럼 청문회에서 노무현 의원이 정주영 명예회장을 신랄하게 다그치고 추궁한 것과는 딴판으로 다른 여야 의원들은 정 명예회장을 깍듯이 '회장님'으로 예우하며 굽신댔다. 어떤 의원은 손수 일어서서 배웅까지 하는 장면이 연출되었다. 정치자금에서 자유로울 수 없던 여야 지도부의 지시 아래 벌어진 꼴불견이었다.

정치자금 비리와는 어떤 관계도 없는 노무현 의원은 국회를 대표하여 국민의 속을 시원하게 대변함으로써 '청문회 스타'가 되었다. 5공 청문회가 일단락된 1989년, 노무현 의원에게 각계각층에서 강연 요청이 밀려들었다. 그중 사회단체에서 한 강연 내용은 정치인 노무현의 소신과 식견을 잘 보여준다. 워낙 명강연이라서 여기 전문을 소개한다.

여러분, 안녕하십니까. 뵙게 되어 반갑습니다. 그런데 좀 난감합니다. 여러분들 중에 5공 비리 모르고 계신 분이 있습니까. 다들 알고 계시면서 저보고 하라니 할 말이 있어야지요. 5공 비리, 요즈음 숫자가 밝혀진 것은 전두환 이순자 부부가 일해재단, 새마을본부, 새세대육영회, 새세대심장재단 등, 이 네 군데 가게를 벌여놓고 주로 재벌들한테 걷어들인 돈이 2,700억 정도 된다, 이런 얘기들이지요.

우리 서민들이야 이 돈만 해도 어안이 벙벙해져서 그 돈이 얼마나 되는 돈인지 전혀 감이 안 잡히지만 사실 그 돈은 아직 밝혀지지 않은 부정부패의 규모에 비하면 손가락 하나 정도밖에 안 되는 겁니다. 언제 도둑질해 먹고사는 사람들이 가게 차려놓고 도둑질합니까?

앞에서 말한 2,700억은 가게 차려놓고 정문으로 받은 돈이고, 뒷문으로 따로 받은 돈은 얼마인지 알 수가 없지만 아무래도 도둑질한 돈이니 앞문으로 내놓고 한 것보다는 뒷문으로 숨어서 한 것이 훨씬 더 많지 않겠습니까?

그동안 아무리 밝히라, 밝히라 해도 안 밝히고 버티더니 얼마 전 전두환 씨가 백담사로 가면서 그동안 뒷문으로 걸어서 정직하게(?) 쓰고 남은 돈이 139억 원이라고 내놓았습니다. 그동안 민정당 정치자금, 심복 정치인, 심복 군인에 대한 하사금이 다 여기서 나왔고, 지난번 대통령선거 때 어마어마하게 풀린 돈도 그 호주머니에서 나왔다고 하니 그 수입 지출의 규모는 엄청나겠지요.

그런데 여러분, 그 돈이 얼마인지 밝혀봤자 5공 비리의 전모가 밝혀지는 것도 아닙니다. 권력자가 어디 전두환 씨 혼자였습니까. 아래위로 통을 짜고 해먹은 규모도 알 수 없거니와, 재벌들이 돈 갖다 바친 대가로 특혜를 받은 것은 또 얼마이겠습니까? 결국, 전체는 다 밝혀낼 수도 없고, 어떻든 밝혀진 것은 손가락 한 마디도 안 된다 이렇게 보면 속 편하지요.

대체로 청문회에 나와서 증언하는 재벌들 인상을 보면 표정이 두 가지예요. 하나는 자기도 억울하게 뺏겼다는 것이고, 하나는 '내가 번 돈 내가 주었으니 억울해도 내가 억울한 일인데 왜 모두 그렇게 말들이 많으냐'는 표정입니다.

여러분, 과연 재벌이 낸 돈이 자기들 돈입니까? 정말 주기 싫은 돈을 억울하게 빼앗긴 겁니까? 여러분, 별로 복잡하게 따져 보지 않아도 재벌들이 낸 돈은 모두 우리 서민들 호주머니에서 나간 돈입니다.

첫째는 세금이지요. 재벌들은 전두환 씨한테 갖다 준 돈에 대해 모두 영수증을 받아서 회사경비로 처리했습니다. 그 돈이 경비로 처리되지 않았더라면 이익이 남았겠지요. 이익이 100억이면 법인세, 소득세, 방위세 다 보태면 세금이 60억이나 70억 정도 되니까. 결국, 재벌들이 100억을 뒷구멍에 갖다 주어 버리면, 국민 세금이 60억이나 70억씩 늘어나게 됩니다. 결국, 여러분 호주머니에서 나간 것이지요.

이렇게 말하면 소득이 높은 사람은 세금을 많이 내고 소득이 낮은 사람은 세금을 적게 내게 되어 있으니 소득이 시원찮은 서민들은 배 아플 것도 없다고 말하는 사람들이 있을지도 모르겠습니다. 그러나 그렇지 않습니다. 우리나라는 조세 구조가 잘못되어 있어서 간접세가 전체 세금 수입의 반이 넘습니다. 간접세 중에서도 제일 큰 것이 부가가치세인데 여러분이 사 입은 옷 한 벌, 신발 한 켤레는 물론이고 라면 한 봉지, 소주 한 잔에도 세금이 다 붙습니다.

다음은 전가의 구조에 의해서 세금을 뺀 나머지도 모두 서민들의 부담으로 돌아옵니다. 여러분, 3대 거짓말이 있다고 하지요. 처녀가 시집 안 간다는 말, 늙으면 죽어야 한다는 말, 장사꾼이 밑지고 판다는 말, 이 세 가지를 3대 거짓말이라고 하는데, 여러분, 우리나라에서 제일 장사 잘하는 사람이 누굽니까? 재벌들 아닙니까? 부산 국제시장에서 헌 옷 장사하는 사람들도 밑지는 장사 안 하는데 재벌들이 밑지는 장사 할 것 같습니까?

이런 재벌들이 수백억씩 자기 호주머니에서 고스란히 바치고 가만있을 리가 없습니다. 물건값을 올리고 하청기업에 떠넘기고 하는 거지요. 대부분의 소비재 시장은 몇몇 재벌사가 독점하고 있기 때문에 자기들 마음대로 물건값을 올릴 수 있게 되어 있습니다.

결국, 재벌들이 어디 갖다 바친 돈은 상품값에 붙어서 소비자들에게 떠넘겨집니다. 한편으로는 또 하청기업에 떠넘깁니다. 우리나라 중소기업의 60% 이상이 대기업에 납품하는 하청기업입니다. 납품 단가를 깎아서 떠넘기는 거지요.

1982년도에 감사원에서 정부 발주 공사의 단가를 조사해본 결과 처음 정부에서 대규모 건설업체에 공사를 맡길 때의 단가는 내정가액의 93%인데, 공사를 맡은 대규모 업체가 하청기업에 공사를 맡길 때의 공사단가는 내정가격의 57%에 불과한 것으로 나타났습니다. 결국, 보통 재벌기업인 대규모 업자는 공사 한 건 맡아서 넘겨만 주고 36%를 먹는 것입니다. 100억짜리 공사라면 36억을 먹는 셈이지요. 100억짜리 공사를 57억에 맡은 사람은 공사를 어떻게 합니까? 부실공사가 되는 거지요.

그러나 부실공사를 하는 것도 한계가 있고 자재를 줄이는 데도 한계가 있지요. 시멘트 들어갈 데 흙 넣고는 안 되고, 철근 들어갈 데 수수깡 넣고는 안 되는 것 아닙니까? 결국, 만만한 것은 노임이지요. 노임을 깎아서 수지를 맞출 수밖에 없으니 결국 마지막에 죽어나는 것은 노동자입니다.

납품업자도 마찬가지입니다. 중간 납품업자는 그 아래 납품업자에게 떠넘기고, 결국 더 떠넘길 데가 없는 사람은 노임을 깎는 수밖에 없지요.

이렇게 떠넘기다 보면 결국 몸뚱이 하나로만 먹고사는 노동자들만 죽어나고, 소비자들만 녹아나는 겁니다. 그런데 노동자나 소비자나 그 사람이 그 사람이지요. 다 같은 서민들입니다.

지금까지 부패한 권력자와 공무원들의 호주머니에 들어간 돈만 가지고, 그것도 손가락 한 마디 정도도 안 되는 돈을 놓고 이러쿵저러쿵 수판을 놓아보았습니다만, 권력자나 공무원들이 받아먹은 돈은 아무리 커보았자 재벌들이 먹은 돈에 비하면 또 새 발의 피에 불과합니다.

조금 전에 말씀드렸죠. 청문회에 나와서 억울하게 당한 것처럼 엄살떠는 사람들, 정말 마지못해 당한 겁니까? 그 사람들이 어떤 사람들입니까. 자유당에서 민주당으로, 박정희에서 전두환, 노태우로 정권은 바뀌었어도 끄떡없이 살아남은 사람들입니다. 눈치 없이 고집부리던 몇몇 사람들은 억울하게 당했지만 살아남은 사람들은 공룡처럼 몸집도 커지고 문어발처럼 영향력도 더 커졌습니다. 그 사람들이 어떤 사람들인데 공돈을 내놓아요.

처음 한두 번은 살아남으려고 돈 보따리 싸들고 권력자를 매수하러 다닌 건 사실이지만, 일단 한 번 짝짜꿍이 되고 나면 그때부터 돈이 권력을 갖고 놀게 되는 겁니다. 장사하는 사람이 권력자나 끗발 좋은 공무원에게 돈 보따리 싸다 주는 것, 그것도 장사입니다. 장사는 남아야 장사입니다. 장사 중에서도 뒷구멍 거래는 엄청나게 남는 장사입니다. 그것도 주는 사람이 제 것을 주는 것이 아닌 경우에는 인심이 후하지요. 권력자가 뇌물 받고 인심 쓰는 것이 어디 자기 것 주는 겁니까? 그러니까 뇌물이 1억이면 특혜는 수억, 수십억 되기 마련이지요.

박정희 시절 이래 차관 도입, 수의계약, 금융 특혜, 부실기업 인수 특혜, 그 무궁무진한 부정들은 책으로 써내도 수십 권을 써내야 할 겁니다. 정부와의 계약에서 생기는 부정이득은 결국 국민에게 세금으로 돌아오고, 금융 특혜, 각종 이권 특혜는 물가에 떠넘겨져 결국 서민들 호주머니로 돌아오는 겁니다.

그런데 이렇게 재벌들에게 특혜로 돌아간 돈이 얼마인지는 지금 아무도 계산해내기 어렵지만 어떻든 재벌들이 권력자들에게 싸다 바친 돈보다 몇 배, 몇십 배가 넘고 그것이 모두 우리 국민, 궁극적으로 서민의 부담으로 떠넘겨진 것은 사실입니다.

여러분, 그렇게 부정하게 긁어모은 돈이 재벌이나 권력자의 금고에 가만히 있기만 하면 그런대로 참고 견디지요. 그런데 그게 그렇지 않고 그 돈이 돌아다니면서 없는 사람을 더 못살게 하니 문제입니다.

권력자나 부정한 공무원이 사업을 합니까. 만만하니까 땅을 삽니다. 본시 땅덩어리가 좁은 데다가 경제개발과 도시화에 따라 가뜩이나 땅이 부족하여 땅값이 오르는데, 필요도 없는 사람들이 땅을 사놓고는 안 내놓으니까 땅값이 더 오를 수밖에 없고 땅값이 끊임없이 오르니까 이젠 땅 투기가 춤을 춥니다.

땅값이 오르니 집세가 오르게 되지요. 집세가 오르게 되니 남의 공장 세 얻어서 사업하는 사람들은 노동자들의 임금을 올려줄 수가 없습니다. 구멍가게 집세가 오르니 반찬가게는 반찬값을 안 올리고는 수지를 맞출 수가 없습니다.

결국, 월급쟁이 월급봉투에서 얼마 뜯고, 가정주부 시장바구니에서 얼마 축내어 땅 주인 호주머니로 들어가니 없는 사람 살기가 어려워집니다.

자기 집이나 가진 사람은 그래도 낫습니다. 도시에서는 자기 집을 가진 사람들이 절반도 안 되는데, 남의 집에 세 들어 사는 사람은 정말 죽을 지경입니다. 입을 것 안 입고 먹을 것 안 먹고 아이들 학비, 용돈 한 푼 가지고 매일 아침 싸움, 싸움해 가면서 몇 푼 저축해놓으면 집주인이 집세를 올려 몽땅 털어가 버립니다.

그나마 저축도 할 수 없는 사람은 방 두 칸 전세에서 방 한 칸으로, 사글세로 쫓겨가다가 끝내는 철거민이 되어 변두리로, 변두리로 쫓겨다니는 신세가 되고 맙니다. 결국, 없는 사람 호주머니를 털어서 돈을 모은 사람은 그 돈으로 놀고먹고 남는 돈은 다시 부동산에 투자하여 다시 없는 사람을 쥐어짜는 악순환이 반복되는 것입니다.

우리는 보통 부정부패라고 하면 뇌물과 특혜를 생각하게 되지만, 지금까지 우리의 정치는 그때그때 직접 뇌물을 주고받거나 특혜를 주고받지 않아도 재벌들이 일상적으로 돈으로 권력을 뒷받침해주고 권력은 항상 돈 많은 사람에게 유리한 정치를 해왔습니다. 이것이 정경유착인데, 본질에서는 부정부패와 같은 것이라 볼 수 있습니다.

이 정경유착도 5공 비리에 포함되는 것입니다. 물론 자본주의 사회치고 정경유착이 없는 나라는 별로 없겠지만 우리가 잘 아는 나라 중에서는 일본과 미국이 정경유착이 심한 나라입니다.

우리나라는 일본 뺨치는 정경유착이 계속되었지만, 조금 다른 점이 있다면 박정희 정권 이래 돈보다 총칼이 더 큰소리를 쳤다는 점이겠지요.

어떻든 정경유착이란 돈이 정치를 움직입니다. 돈이라도 조무래기 돈이 아니라 재벌들과 같은 큰돈이 정치를 움직이게 되니 정치가 하는 일이나 그 밑에서 정부가 하는 일 모두가 재벌들 배만 불려주게 되고 그만큼 서민들의 살림을 어렵게 만듭니다.

법을 만들어도 재벌들에게 불리한 법은 안 만들어지고, 경제 정책도 재벌들에게 불리한 것은 안 나옵니다. 원체 재벌들이 경제를 독점하여 중소기업을 마구 죽이고, 은행 돈을 몽땅 다 빌려 쓰고, 시장도 독점하고, 나중에는 전국의 땅까지 모조리 다 차지하여 국민경제에 너무 큰 폐를 끼치고, 중소기업의 반발이 심해지니까 재벌을 규제하는 법률이 만들어지기도 하지만 그런 법도 처음에 안은 그럴듯하게 나오다가 나중에 장관 결재를 거치고 국무회의 의결을 거쳐 국회를 통과할 때는 거의 유명무실한 법이 되어 버리고 맙니다. 그나마 제대로 시행도 되지 않습니다.

지금까지 재벌들이 독점금지법을 위반한 사건은 수없이 많지만, 법은 경제기획원의 고발이 없이는 처벌할 수 없게 되어 있고, 지금까지 경제기획원은 단 한 번도 고발을 한 일이 없습니다.

지난번 백화점 사기 세일 사건이 났을 때도 신문마다 그렇게 크게 떠들었는데도 경제기획원은 끝내 고발을 하지 않았습니다. 신문을 보면 재벌기업에 대한 은행 여신을 규제한다는 보도는 요란한데 재벌에 대한 여신 규모는 전혀 줄지 않고 있습니다. 중소기업을 보호하기 위하여 중소기업 고유 업종이라는 것을 지정해놓고 있지만, 그것도 재벌들의 입김에 하나씩 둘씩 무너져 버렸습니다. 재벌들을 규제하는 경제 관계법이나 경제정책만 유명무실한 것이 아니라 국민 모두에게 적용되는 일반 법률도 재벌이 걸리기만 하면 흐지부지 효력을 잃고 맙니다. 재벌들의 범법 행위가 신문에는 자주 나지만 언제 재벌들이 처벌받는 것을 본 일이 있습니까?

현대 재벌이 매립한 충남 서산 매립지의 어민들은 지금도 피해보상을 요구하고 싸우고 있지만, 정부에서는 본체만체하고 있지요. 매립지 위에 수천 평의 무허가 건물이 있다고 진정을 해도 누구 하나 처벌받았다는 소리 들어보지를 못했습니다.

결국, 정경유착이란 돈이 정치를 지배하여 정치가 있는 사람 손에 놀아나게 되니 결국 없는 사람만 더욱 가난해지고 억울한 꼴을 당하고 살게 되는 것입니다.

여러분, 이제 시야를 조금 넓혀봅시다. 지금까지 우리는 부정부패와 정경유착을 돈 문제로만 따져 보았습니다만 그에 못지않게 심각한 문제는 부정부패와 정경유착의 구조가 일반화되면 우리 사회가 파괴됩니다.

전두환 씨가 정권을 잡으면서 우리 사회에 새로 생긴 말이 있습니다. '정의로운 사회, 정직하고 부지런한 사람이 잘사는 사회' 라는 구호입니다.

그런데 현실은 정반대로 돈 있고 빽 있는 사람, 권력에 아부 잘하는 사람, 눈치 빠른 사람, 거짓말 잘하고 뒷거래 잘하는 사람은 떼돈을 벌어 큰소리 떵떵 치며 대우받고 살고, 학교에서 배운 대로 정직하게 살려고 하는 사람은 아무리 열심히 일해도 항상 뒤떨어져 기를 펴지 못하고 사는 불의한 세상이 되어버렸습니다.

이런 사회에서는 근로 의욕이 저하됩니다. 아무리 열심히 일해보았자 살기조차 힘들고 기껏 성공해보았자 돈줄, 연줄이나 찾아다니며 재주넘기나 하면서 빈둥빈둥 노는 사람들보다 뒤떨어지니 일할 맛이 나지를 않습니다. 가뜩이나 재주 치기 하는 놈들 거들먹거리는 꼴이 아니꼬운데 어쩌다가 그놈들하고 시비라도 붙어서 한 번 치고받고 싸우거나 교통사고가 나거나, 이웃에 살면서 시비라도 붙는 날이면 법은 온데간데없고 잘했든 못했든 없는 놈만 설움을 당하게 되니 분해서 살 수가 없습니다. 결국, 자기도 재주 부릴 능력이 있는 사람은 너도나도 돈줄, 연줄 찾아서 재주 부릴 궁리나 하게 되고 그런 능력도 없는 사람은 칼 들고 나서거나, 실의에 빠져 마약이나 맞고 타락하는 사람이 늘어납니다.

사회가 이 모양이 되면 이도 저도 못 해서 열심히 사는 사람들은 위로는 부정부패에 시달리고 아래로는 각종 범죄의 불안에 시달리고, 남편과 자식의 타락한 모습에 속을 썩어야 하는 불행이 언제 어느 때 나에게 닥쳐올지 모르는 불안에 시달려야 합니다.

어디 그뿐입니까? 양심 있고 용기 있는 젊은이들은 이런 꼴을 그냥 두고 보려 하지 않습니다. 권력자들은 요즈음 젊은 학생들의 시위를 보고 좌경용공이니 폭력혁명 세력이니 선전하면서 마구 때리고, 짓밟고, 잡아 가두지만 우리 사회에 부정과 부패가 없고 그로 인한 가난한 사람의 고통이 없고, 도덕과 사회정의의 파괴가 없다면 그들이 왜 나섭니까?

사회가 시끄럽고 불안한 것은 모두 부정부패와 정경유착 때문입니다. 부정부패와 정경유착이 근절되지 않는 한 젊은이들의 싸움은 그치지 않을 것이고, 스스로 피해를 입은 사람들의 저항도 계속될 것입니다. 이렇게 싸움이 계속되다 보면 사회의 갈등은 더욱 심해지고 결국은 사회가 파괴될 지경에 이를 수도 있습니다.

사람 사는 사회치고 부정부패가 없는 곳은 없습니다. 그러나 민주사회에서는 국민의 거센 비판과 감시 때문에 눈치 보느라 숨어서 살금살금 하기 때문에 그 사회를 파괴할 만큼 판을 치지는 못합니다.

그런데 독재체제에서는 그렇지 않습니다. 언론이 맥을 못 쓰니 돈과 권력이 짜고 하는 부정을 밝혀낼 수가 없습니다. 어쩌다가 밝혀지는 것이 있어도 보도를 할 수 없으니 국민에게 알려지지 않습니다.

언론을 통한 비판이 없더라도 국민은 생활 경험을 통해서 부정부패와 정경유착의 부조리를 느끼지만, 저항하는 것이 불가능합니다. 직장에서 쫓겨나고 감옥에 가지 않으려면 보고도 못 본 체할 수밖에 없습니다. 양심이 있는 사람들은 스스로 손해를 보면서도 비겁하게 눈치만 살피며 살아야 하는 데 반하여 권력과 짜고 부정한 방법으로 돈을 번 사람들은 독재체제만큼 편리한 것이 없습니다. 돈이면 안 되는 것이 없습니다. 돈으로 이권을 요리하고 특혜를 받아 더 큰 돈을 벌기도 쉽고, 아무리 법에 걸리는 나쁜 짓을 해도 끄떡없습니다. 그러니까 그들은 뇌물 말고도 독재 권력에 정치자금을 주기도 하고 무슨 단체 같은 것을 만들어 독재를 지지하는 성명을 내거나 독재를 지지하는 단체에 돈을 대주어 독재정권을 지지하고 민주화운동을 방해합니다.

요즈음에도 좌경용공 척결이니 자유민주주의 수호니 하고 나서는 사람들을 보십시오. 대부분이 과거 독재체제 아래서 떼돈을 벌어 떵떵거리면서 4.13 호헌 조치의 지지성명이나 내던 사람들입니다.

결국, 부정부패와 정경유착이 사회를 파괴할 지경에 이르게 된 것은 오래도록 이 땅에서 독재가 판을 쳐왔기 때문입니다. 그런데 독재체제가 오래도록 판을 치게 한 것은 우리 국민의 책임입니다.

국민이 독재와 정경유착에 스스로 피해를 입고 있으면서도 지금까지 우리 국민은 어떻게 했습니까? 군인들이 총을 들고 나올 때마다 국민투표로 그들을 지지해주었습니다. 덕분에 그들은 헌법을 자기들 편리할 대로 뜯어고쳐서 독재체제를 강화했습니다.

그 다음에는 그들에게 아부하기 좋아하고 국물이나 얻어먹기 좋아하는 사람들이 모여 만든 정당에 표를 몰아주었습니다. 어떻게 보면 우리 국민이 이제야 분해하는 것도 다 자업자득입니다. 이제라도 정신 차려야 합니다.

세계 역사상 독재자가 스스로 물러나거나 마음을 돌려서 민주주의를 한 역사는 한 번도 없습니다. 독재체제의 청산은 오로지 국민의 힘으로만 가능합니다.

우리는 지난 1987년 6월 항쟁으로 독재체제를 완전히 청산하는 데는 실패하였지만, 국민이 들고일어난 결과가 전혀 헛되지는 않아서 정치·사회의 분위기가 적어도 부정부패는 어느 정도 감시할 수 있을 만큼은 달라져 가고 있습니다. 그런데도 낙관할 수는 없습니다. 그동안 잘 해먹어온 사람들은 이러한 변화가 불편하기 짝이 없습니다. 그들은 기회만 있으면 어떤 수를 써서라도 옛날로 돌아가고 싶어합니다. 마음만 그런 것이 아니라 실제로 온갖 음모를 다 꾸미고 있습니다.

여당이 5공 특위에 불참하여 5공 비리 조사를 방해하고, 좌경척결이니 자유민주주의 체제 수호니 하는 구호들을 내세워 칼을 뽑아 공포 분위기를 조성하고, 노동운동 때문에 우리 경제가 망하기나 할 듯이 위기감을 조성하여 공권력을 마구 휘두르는 것이나, 5공 시절 재미를 보던 사람들이 여기에 맞장구를 치고 나오는 것이나 모두 옛날 시절로 되돌아가자는 것입니다.

이럴 때 우리 국민이 또 속아 넘어가거나 가만히 보고 있으면 정말 세상이 다시 옛날로 되돌아가게 됩니다. 다시 분하고 억울한 꼴을 당하지 않으려면 우리 국민이 정신을 차려 다 함께 민주화운동에 나서야 합니다. 여러분, 우리 다 함께 힘을 모읍시다.

02

노무현이 꿈꾼
'사람 사는 세상'

"성별·지역·학력의 차별 없이 모두가 자신의 꿈을
이뤄가는 세상. 어느 꿈은 이미 현실이 되었고
어느 꿈은 아직 땀을 더 쏟아야 할 것입니다.
정치가 썩었다고 고개를 돌리지 마십시오.
낡은 정치를 새로운 정치로 바꾸는 힘은
국민 여러분에게 있습니다."
그가 평생 부르짖던 이런 가치들은 정작
세상을 떠난 뒤에야 더욱 절실하게 다가왔다.

노무현의 꿈 '사람 사는 세상'

＊ ＊ ＊

그 쉬워 보이는 게 왜 그토록 어려운 걸까? 사람 사는 세상. 그래서 '사람 사는 세상'은 노무현의 꿈이었다. 더불어 사는 세상이라고 그는 말했다. 하지만 그는 살아서 그런 세상을 보지 못했다.

기득권의 벽은 생각보다 높았다. 큰 벽 하나만 넘을 수만 있다면 대통령의 권력도 통째로 버릴 수 있다고까지 했다.

"연정 그 정도 가지고는 골치 아프니까 권력을 통째로 내놓아라, 검토해 보겠습니다."

하지만 도리어 반대쪽은 의심하거나 비아냥대고, 지지자들마저 상당수가 등을 돌렸다. 같은 꿈을 꾸던 이들의 상징으로 남은 그는 검찰 수사가 시작되자 끝내 자신을 버려 달라고도 했다. 벼랑에 몸을 던지기까지 그가 온전히 지키려고 했던 것도 바로 그 꿈이었다.

노무현의 도전은 늘 시련의 연속

＊ ＊ ＊

낡은 정치 청산을 기치로 집권에 성공한 대통령 노무현. 그는 취임식에서 사람 사는 세상을 향한 본격적인 출발을 알렸다.

"반칙과 특권이 용납되는 시대는 이제는 끝나야 합니다. 정의가 패배하고 기회주의가 득세하는 굴절된 풍토는 반드시 청산해야 합니다."

하지만 그가 바라던 세상을 향한 도전은 시련의 연속이었다.

"대통령이 뭘 잘해서 우리 당이 표를 얻을 수만 있다면 합법적으로 모든 것을 다 해주고 싶다."

이런 의례적인 발언 하나를 두고 야당은 중립의 의무 위반이라며 거세게 사과를 요구했지만, 대통령은 뜻을 굽히지 않았고 탄핵 소추를 감수했다.

국회의 탄핵 소추에 반발한 민심은 열린우리당을 제1당으로 만들어주었지만, 이념보다 민생 문제 해결을 요구했던 민심은 열린우리당으로부터 등을 돌리고 대통령과 열린우리당의 갈등은 깊어졌다. 결국, 실패를 인정해야 했다.

"열린우리당이 단순한 당이 아니라 정치의 분열, 지역 구도로의 분열을 뛰어넘고 또 노선과 가치를 소중하게 생각하는 정당으로 발전할 것이라는 희망과 기대가 있었는데 그게 너무 허무하게 무너져 버리니까 너무 힘들었죠."

선거 제도 개편을 위해 승부수로 꺼내 든 대연정 카드는 당시 야당의 외면과 여당 내의 반발로 묻혀 버렸다.

"우리 쪽에서 그것을 도저히 이해하지 못하는 바람에 그 차질이 하나 생겼지요. 우리 쪽 사람들은 합당과 연정을 구분도 하지 않고 '너 혼자 잡은 정권이냐?', '네 맘대로 넘겨줄 거야?' 패착이 생긴 것이죠."

지역주의를 끝내기 위한 그의 마지막 승부수는 그렇게 정치적 실험으로 끝났다. 지역구도 타파는 그의 평생의 화두였다. 빈농의 아들로 태어나 상고 출신의 인권변호사, 6월 항쟁 투사, 5공 청문회 스타 등을 거치며 승승장구하던 그는 1990년 3당 합당을 거부한 뒤 스스로 가시밭길을 택했다.

지역주의의 거대한 장벽에 맞서 싸우다 매번 낙선의 고배를 마셨다. 하지만 그는 현실과 타협하지 않았다. 자신에게 유리한 서울이 아닌 부산 출마를 고집하며 지역주의에 대한 도전을 멈추지 않았다.

"지역 정치 구도가 가로막고 있기 때문에 우리 정치와 역사는 일보도 앞으로 진전하지 못하고 있습니다."

그는 지역주의 타파를 위한 일념으로 늘 마른자리 대신 진자리를 찾아 출마한 나머지 패배를 밥 먹듯이 했지만, 그때마다 툴툴 털고 일어나 말했다.

"다시 또 시작하려고 합니다."

이런 열정은 '바보 노무현'을 낳았고 노사모의 탄생으로 이어졌다. 결국, 2002년 대선에서 기적의 역전 드라마를 만드는 원동력이 되었다. 원칙이 승리할 수 있다는 것을 몸소 실천한 것이다. 그는 바보라는 자신의 별명에 대해 어떻게 생각했을까?

"별명 중에서 제일 마음에 들었습니다. 정치하는 사람들이 바보 정신으로 정치를 하면 나라가 잘될 거라고 생각합니다. 어쨌든 그냥 바보, 하는 게 그게요, 그냥 좋아요."

이곳 부산에서 민주당이라는 진자리만 고집해온 나도 바보 소리 깨나 들었지만, '바보 정신으로 정치를 하면 나라가 잘될 거라고 생각한다'는 그의 신념에 공감하고 동의하므로 이때껏 이 한길을 걸어올 수 있었다.

"정치가 썩었다고 고개를 돌리지 마십시오"

* * *

노무현은 고비 때마다 승부수를 던지며 상황을 정면 돌파했다. 추진 정책이 반대에 직면하면 결코 에둘러 가지 않았고 그래서 격렬한 논란과 갈등을 일으키곤 했다.

노무현의 '사람 사는 세상'은 말 그대로 국민과 직접 함께하는 세상이었다. 그래서 누구보다 국민과의 소통에 적극적이었다. 대통령

직에 있을 때도 물러난 뒤에도 소통의 창은 인터넷이었다. 봉하마을에서의 삶도 그 연장선이었다. 전직 대통령이라는 이름을 내려놓고 한 주민으로서 마을 주민들과 격의 없이 살아갔다.

고향으로 돌아간 퇴임 대통령은 생태 농업과 환경 문제에 관심을 가졌다. 마음 사람들에게 오리를 이용해 벼농사를 짓자고도 제안했고 첫 수확을 하기도 했다. 논두렁을 달리는 그의 모습은 주민들에게도 국민에게도 익숙한 모습이 되었다. 그는 국가 원로보다 친근한 이웃으로, 한 명의 시민이고자 했다.

봉하마을에서의 삶이 행복했다던 퇴임 대통령. 하지만 그 행복하다던 생활은 오래가지 못했고 그는 사람 사는 세상을 향한 꿈마저 끝내 접어야 했다.

"성별·지역·학력의 차별 없이 모두가 자신의 꿈을 이뤄가는 세상. 어느 꿈은 이미 현실이 되었고 어느 꿈은 아직 땀을 더 쏟아야 할 것입니다. 정치가 썩었다고 고개를 돌리지 마십시오. 낡은 정치를 새로운 정치로 바꾸는 힘은 국민 여러분에게 있습니다."

그가 평생 부르짖던 이런 가치들은 정작 세상을 떠난 뒤에야 더욱 절실하게 다가왔다.

특권과 반칙이 없는 대한민국, 모든 갈등을 극복하고 사람과 사람이 더불어 사는 세상, 사람 사는 세상을 향한 그의 꿈은 이제 우리의 몫으로 남았다.

'감동'으로 뽑은 최초의 '국민 대통령'

＊＊＊

미술사학자 유홍준은 유적답사기에서 "아는 만큼 보인다"고 했다. 어디 문화유산뿐이겠는가. 음악도 아는 만큼 들리고, 하늘의 별도 아는 만큼 헤아리지 않겠는가. 하물며 사람 사는 세상이야 말해 무엇 할 것인가.

빈민의 삶을 알 리 없는 유럽의 어느 왕비가 "빵이 없으면 케이크를 먹으면 되지 뭐가 문제냐?"라고 했다는데, 이명박 정권의 기획재정부 장관이 그 왕비의 말을 어디서 주워들었는지 영리병원 설립 관련 국회 대정부 질문 자리에서 기막히게 패러디하여 "(병원비가) 비싸면 환자가 안 가면 될 것 아니냐 … 왜 그렇게 걱정이 많으냐?"라는 명언을 남겼다.

이 양반 '성분'을 뒤져보니 서울대 나와서 미국 유학을 하고 금융권 노른자위를 두루 섭렵했으며, 재산도 돈 구애받지 않을 정도(21억 얼마)라고 자진 신고했다. 특정인을 비난하려고 금수저 장관을 들먹인 게 아니라, 대통령을 비롯하여 이런 '고귀하신' 족속이 '평민 떨거지'들의 삶을 알 리 있으며, 노무현이라는 정치인에게 구현된 사회적 · 역사적 가치를 알 리 있겠는가, 싶은 것이다.

노무현은 순전히 일관된 소신으로 스스로 쌓아 올린 정치적 자산

만으로 대통령이 된 한국 현대사 최초의 인물이다. 다시 말해 유구하게 이어온 정치판의 모사나 간계가 아닌 순전히 국민이 '감동' 으로 뽑은 최초의 '국민 대통령' 이다.

노무현은 어릴 때부터 대가 무척 셌다. 중학교 2학년 진급을 앞둔 1960년 2월, 학교에서 열린 이승만 대통령 생일 기념 글짓기 대회에서 동급생들과 함께 백지를 제출한 것이 대표적인 예다. 3.15 대통령 선거를 앞둔 불법 선거운동으로 여겨졌기 때문이다. 이 일로 일주일 정학 처분을 받았다. 부산상고 졸업 후 농협 입사시험에 낙방하고, 첫 직장도 그만둔 그는 고시 공부에 매달렸다.

1975년 사법고시(17회)에 합격해 대전지법 판사로 임용됐으나 1978년 5월 변호사로 개업했다. 한때 부산지역에서 돈 잘 버는 변호사로 알려진 그의 인생을 바꾼 것은 1981년 9월 부림사건이다. 구치소에서 피고인을 접견하고 고문 사실을 확인한 노무현은 "분노가 치밀어오르고, 피가 거꾸로 솟는" 충격을 받았다.

1982년에는 문재인 변호사와 공동 사무실을 열고 부산 미국문화원 방화사건 변호, 정법회(민변 모태) 창립 참여 등을 거치며 인권운동의 길을 걷는다.

1987년 9월 대우조선 노동자 이석규 씨 유족을 돕다가 '3자 개입' 혐의로 구속되고 변호사 업무정지 처분을 받기도 했다.

1988년 13대 총선을 앞두고 통일민주당 김영삼 총재의 정계 입문 제의에 따라 5공화국 실세인 허삼수 후보가 출마한 부산 동구에 출마해 당선되었다. 그해 5공 청문회는 국민이 노무현을 인식하는 결정적인 계기가 됐다.

1990년 1월 노태우·김영삼·김종필의 3당 합당으로 민주자유당 (민자당)이 탄생했지만, 노무현은 합류를 거부했다. 1992년 3월 14대 총선에 '꼬마 민주당' 후보로 부산에 출마해 허삼수 후보와 재대결을 벌였지만 패했으며, 1995년 6월 부산시장 선거에서도 낙선했다. 1998년 7월 서울 종로구 보궐선거를 통해 15대 국회에 다시 입성했지만, 2000년 16대 총선에서는 '지역주의 타파'를 내걸고 새천년민주당 후보로 부산 북강서을에 출마했다. 비록 낙선했지만, 이후 대한민국 최초의 정치인 팬클럽 '노사모'가 결성되어 노무현 정신이 주는 감동이 국민의 가슴에 이슬비처럼 스며들었다.

2001년 해양수산부 장관에서 물러나 16대 대선에 나선 초기만 해도 그를 주목하는 사람은 별로 없었다. 그러나 한국 정치사상 최초로 도입된 국민참여 경선을 통해 이인제 대세론을 깨고 민주당 대선후보로 선출되어 한나라당 이회창 후보와의 맞대결에서 승리했다.

노무현은 정부 명칭을 '참여정부'로, 국정 목표를 '국민과 함께하는 민주주의, 더불어 잘사는 균형발전, 평화와 번영의 동북아 시대'

로 정했다. 이를 토대로 남북관계 개선과 각종 사회개혁에 나섰지만 쉽지 않았다. 훗날 그의 토로는 내게 무거운 과제를 안겨주었다. 그는 자신이 비록 새 시대는 열지 못했으나 자기에서 구시대가 막을 내리기를 소망했다.

"내 운명은 새 시대의 첫차가 아닌 구시대의 막차가 되는 것이었다."

03

그날,
2009년 5월 23일

정권을 차지하자마자 민주주의 3대 가치를 짓밟은 채
미쳐 날뛰는 수구세력의 '포로'가 된 노무현이 끝내
비루하지 않고 최소한의 존엄을 지키는 길은 안타깝게도
자신을 내던지는 길뿐이었다.
또 그 길만이 '진보진영'을 지키는 길이라고 판단했다.
그래서 그는 현실의 자신을 버리고 영원히 사는 길로
몸을 던졌다.

"참혹한 운명의 화살을 맞은" 햄릿의 심정

* * *

그날, 2009년 5월 23일, 노무현은 몇 줄의 유서를 남기고 우리 곁을 떠났다. 아니, 남은 사람들에게 새 시대를 선물하기 위해 구시대를 온몸으로 포박하여 돌이킬 수 없는 벼랑으로 추락시켰다. 그는 자신을 기꺼이 화살로 썼다.

너무 슬퍼하지 마라.
삶과 죽음이 모두 자연의 한 조각 아니겠는가?
미안해하지 마라.
누구도 원망하지 마라.
운명이다.

2008년 5월 22일 밤, 이승에서의 마지막 밤을 맞은 노무현은 만감이 엇갈렸을 터이다. 가족과 동지들을 향한 미안함, 국민을 향한 안타까움, 못다 나눈 사랑에 대한 미련···. 유서에 "아무도 원망하지 마라" 했으니 자신 역시 원망이나 분노 따위는 버렸을 것이다. 그날 밤, 그는 "참혹한 운명의 화살을 맞은" 햄릿의 심정이었을까?

사느냐 죽느냐, 이것이 문제로다!

참혹한 운명의 화살을 맞고 마음속으로 참아야 하느냐.

아니면 노도처럼 밀려오는 고난에 맞서 싸워 물리쳐야 하느냐.

어느 쪽이 더 고귀한 일일까?

남은 것이 오로지 잠자는 일뿐이라면 죽는다는 것은 잠드는 것

잠들면서 시름을 잊을 수 있다면,

잠들면서 인간의 오만 숙명적인 고통을 잊을 수 있다면

이것이야말로 우리가 진심으로 바라는 최상의 것이로다.

죽는 것은 잠드는 것… 아마도 꿈을 꾸겠지.

아, 그것이 괴롭다.

도스토옙스키의 마지막 5분

* * *

1849년 12월 22일, 러시아 작가 도스토옙스키는 사형선고를 받고 형장에 섰다. 마치 예수처럼 두 사람의 사형수와 함께 두 눈이 가려진 채 사형대에 묶였다. 그러나 형틀이 십자가는 아니었다. 사형수에는 최후의 5분이 주어졌다. 5분 뒤에는 형장의 이슬로 사라질 위기에 처한 것이다.

"이 세상에서 숨 쉴 수 있는 시간은 5분뿐이다. 그중 2분은 동지들과 작별하는 데에, 2분은 삶을 되돌아보는 데에, 나머지 1분은 이 세상을 마지막으로 한 번 보는 데 쓰고 싶다."

기적적으로 살아난 도스토옙스키는 뒷날 장편소설 《백치》에서 자신의 절박했던 운명의 순간을 이렇게 남겼다.

레지스탕스 작가 슈테판 츠바이크는 "도스토옙스키와 그의 운명 사이에 일어난 끊임없는 투쟁은, 일종의 애정 깊은 적대관계 그것이었다. 운명은 도스토옙스키에게 주어진 모든 갈등을 더욱 첨예화시켰다. 더욱이 두드러진 대립상들을 서로 찢어버리기 위해 고통스럽게 잡아 뜯었다. 운명은 그를 사랑하기 때문에 그에게 아픔을 주었다. 그리고 그 역시, 운명이 그를 강하게 움켜쥐고 있었기에 자신의 운명을 사랑했다"고 썼다.

누구라도 운명의 굴레에서 벗어나긴 어렵지만, 노무현이야말로 '운명'의 사람이었다. 도스토옙스키가 빈민구제원에서 태어나 세상을 대면한 첫 순간부터 벌써 그가 있을 자리는 정해져 있었듯이, 노무현의 자리도 크게 다르지 않았다. 멸시받는 사람들 틈 사이에서, 인생의 밑바닥에서 태어나 가난의 고통을 겪었지만 의롭게 성장하고 마침내 정상에 올랐다. 그래서 '반칙과 특권이 용납되지 않는' 사회를 만들고자 하여 '반칙과 특권'을 누려온 자들과 적대할 수밖에 없었다. 노무현은 가끔 수구 세력의 간담을 서늘하게 하는 발언을 던졌다.

"우리 아이들에게 결코 불의와 타협하지 않아도 성공할 수 있다는 하나의 증거를 남기고 싶다."

심리학자 김태형은 이명박과 그 패거리가 퇴임하여 고향으로 돌아간 야인 노무현을 굳이 죽음에 이르도록 공격한 심리와 정치적 동기를 분석한다(김태형, 《심리학자, 노무현과 오바마를 분석하다》, 예담, 2009).

> 노무현이 활짝 웃는 그 순간부터, 노무현이 행복한 표정을 지은 그 순간부터 그리고 그 모습을 보기 위한 순례행진이 시작된 그 순간부터 그의 부활을 막기 위한 공격은 시작되었다. 노무현의 부활을 막을 수 있는 유일한 방법은 그를 파렴치범으로 모는 것이었다. 그것만이 그 어떤 공격을 받고도 불사조처럼 되살아나는 노무현을 영원히 끝장낼 수 있었으며, 도무지 희망을 포기할 줄 모르는 민중의 끈질긴 생명력을 시들게 할 수 있었다. 만일 그것이 성공한다면 "권력을 쥐면 누구나 부패한다", "이 세상에 믿을 사람은 아무도 없다", "정치란 어차피 그런 것이니 속 편하게 관심을 꺼라"고 외칠 수 있게 될 것이다. 그러면 국민은 어쩔 수 없이 '사람 사는 세상'에 대한 꿈을 영영 접은 채 각자의 이익만을 탐욕스럽게 좇을 테니,

기득권세력은 대대손손 부귀영화를 누리게 될 것이었다.

먼지 하나까지 샅샅이 훑고 털어라! 비리 사건이 아니어도 좋다. 단지 비리 사건으로 몰아갈 수만 있으면 된다. 반격할 틈을 주지 말고 압박해라! 그는 주변 사람들에 대한 애정과 책임감이 남다르다. 그가 사랑하는 이들을 괴롭히면 거짓 자백이라도 할지 모른다. 망신을 줘서 창피하게 하라! 그는 명예를 목숨처럼 소중히 여기는 사람이다. 여론몰이로 파렴치범이라는 낙인만 찍을 수 있다면…. 어떤 결과가 나올지 누가 알겠는가.

봉하마을의 노무현 저택을 '아방궁'이라고 왜곡함으로써 포문을 연 보수세력은 2008년 6월경부터는 본격적인 공격을 퍼부었다. 그들은 노무현이 무단으로 국가기록물을 가져갔다면서 그를 도둑놈처럼 묘사했고, 오랜 후원자인 박연차 태광실업 회장, 강금원 창신섬유 회장 등에 대한 대대적인 세무조사와 검찰조사에 착수했다.

김태형에 따르면 "노무현은 마음의 상처를 극복하기 위해 치열하게 싸워온 인간 승리의 표본이며, 심리적으로 매우 건강한 인물"이다. 보수 언론의 '마지막 승부수'라는 주장이 얼마나 엉터리인가를 보여준다. 노무현은 보수 언론이 주장한 바대로 과녁을 돌리기 위해 '마지막 승부수'로 몸을 던진 것이 아니었다. 김태형은 보수 언론의 행태를 개탄해 마지않는다.

한동안 신문을 비롯한 각종 매체는 노무현의 죽음을 '마지막 승부수'라고 주장하는 기사들을 버젓이 내보냈다. 그것을 보며 나는 인간 노무현을 이런 식으로 왜곡하는 분석이 앞으로도 계속 쏟아져 나올 것이라는 예감에 몸서리를 쳤다.

"안 된다. 그런 엉터리 심리 분석은 노무현을 두 번 죽이는 행위가 아닌가. 막아야 한다."

노무현을 죽음으로 내몬 수구 세력의 만행은 아물기 어려운 현대사의 상처가 될 것이다. 그의 죽음이 남긴 피맺힌 유산은 향후 우리 정치사의 작용과 반작용, 역학과 동력의 거대한 용암으로 분출되기에 충분하다.

천성이 감성적이고 신념과 의리를 소중하게 여긴 노무현은 자신의 어려움보다는 주변 사람이 자기 때문에 받을 고통을 더 못 견뎌했다.

"나로 말미암아 여러 사람이 받은 고통이 너무 크다. 앞으로 받을 고통도 헤아릴 수가 없다. 여생도 남에게 짐이 될 일밖에 없다"라는 유언을 남길 만큼 괴로워했다.

《노무현, 마지막 인터뷰》(오마이뉴스, 2009)를 정리한 오연호도 "인간 노무현은 자신이 받는 고통보다, 자신에 의해 받게 될 여러 사람의 고통을 참을 수 없어 했다. 그런 점에서 그는 마지막까지 자유인이 되지 못했다. 정치인이었다. 마지막까지 승부사였다"고 썼다.

"그는 없어서는 안 될 사람"

* * *

민주주의는 '상대주의, 중립성, 관용'의 3대 가치를 근간으로 삼는다. 셋 중 하나라도 무너지면 민주주의는 절름발이가 되거나 무미한 형식만 남는다.

정권을 차지하자마자 민주주의 3대 가치를 짓밟은 채 미쳐 날뛰는 수구 세력의 '포로'가 된 노무현이 끝내 비루하지 않고 최소한의 존엄을 지키는 길은 안타깝게도 자신을 내던지는 길뿐이었다. 또 그 길만이 '진보진영'을 지키는 길이라고 판단했다. 그래서 그는 현실의 자신을 버리고 영원히 사는 길로 몸을 던졌다. 그의 사후 묘역에 인분을 뿌리는 실성한 자도 있었고, 경찰청장이란 자는 '차명계좌' 운운하며 고인을 욕보이고자 했지만, 거인의 초상은 추호도 오염되지 않았다.

김대중 전 대통령이 슬퍼한 대로 "그는 없어서는 안 될 사람" 이었다. 독일의 극작가 브레히트는 "없어서는 안 될 사람이 죽으면 세상 사람들은 아이에게 먹일 우유가 없는 어머니처럼 주위를 둘러볼 것 (강력한 정치가의 사망 소식을 들으며)" 이라고 했다. 그가 가고 난 뒤, '시민의 존엄' 을 빼앗겨버린 우리는 얼마나 주위를 둘러보았는가?

없어서는 안 될 사람이 기침을 하면
세 개의 제국이 흔들린다.
없어서는 안 될 사람이 죽으면
세상 사람들은 아이에게 먹일 우유가 없는
어머니처럼 주위를 둘러볼 것이다.
없어서는 안 될 사람이 죽은 지 일주일 뒤에
다시 돌아오면
이제는 제국의 어디에도 그를 위한
문지기 자리 하나 없을 것이다.

신영복의 통찰대로 우리의 현대사에서 광주와 노무현은 시대를 가르는 아이콘이다. 누구도 광주의 비극으로부터 자유로운 사람이 없듯이 누구도 노무현의 죽음으로부터 자유로운 사람은 없다. 그 이전과 그 이후를 확연히 나누는 역사의 분기점이 아닐 수 없다.

나는 노무현 전 대통령 서거 후 영도에 고인을 추모하는 분향소를 차리고 장례를 치르는 날까지 상제가 되어 한시도 떠나지 않고 조문객을 맞으며 자리를 지켰다. 구청에서는 당혹스러워했지만, 나는 그것이 내가 마땅히 할 도리라고 여겼다.

이재명 대통령과 함께
새로운 영도를!

나는 지난 2025년 11월 5일, 지역 언론 뉴스핌과 인터뷰를 통해 구민이 행복해지는 새로운 영도를 위해 온 힘을 쏟고자 구민의 선택을 구할 것을 천명했다.

[문] 어떤 정치를 할 생각입니까?

▶ 경남 고성에서 태어나 7남매가 영도에 터를 잡은 지 벌써 60년이 넘었습니다. 4대째 영도에서 살아온 만큼 지역이 안고 있는 문제를 누구보다 잘 압니다. 주민이 주인 되는 실질적인 변화의 정치를 해야겠지요. UDU 요원 출신인 저는 불의에는 당당히 맞서야 한다는 신념으로 정치를 해왔습니다.

[문] 12년간의 의정활동을 정리해 말씀하신다면요?

▶ 2002년 더불어민주당에 입당한 저는 구의원과 시의원을 지내며 지역 현안을 챙겼습니다. 저는 애초에 "시민이 참여하는 정치"라는 (노무현 전 대통령의) 말에 공감해 정치에 뛰어들었습니다. 그동안 영도에서만 25년을 생활 정치에 바쳤습니다."

[문] 영도의 가장 큰 현안을 꼽는다면요?

▶ 영도에 활기를 불어넣으려면 청년 일자리 증대를 위한 기업 유치가 가장 필요합니다. 지역 상인들과 어르신들 그리고 학부모들을 만나보면 일자리 얘기가 제일 먼저 나옵니다. 인구가 줄고 재개발이 지지부진한 이유도 결국 일자리 문제 때문입니다.

[문] 해결책에는 무엇이 있을까요?

▶ 해양관광특구 지정이 필요합니다. 사면이 바다인 영도는 해양 산업과 관광을 묶은 발전 모델이 가능합니다. 기업이 들어오고 일자리가 생기면 인구 감소 문제도 함께 풀릴 겁니다.

해양관광특구 추진에 따른 주거 대책은 LH나 도시공사와 협력해 빈집을 청년 주택과 기숙사로 바꾸는 겁니다. 청년층이 살 수 있는 환경부터 만들어야 청년층이 들어올 거 아닙니까.

또 영도에는 해수욕장이 없는데, 중리 바닷가에 몽돌 해수욕장을 조성해 안전·주차시설을 갖춘 체류형 관광지로 만드는 바도 생각할 수 있습니다. 싱가포르 센토사나 요코하마 미나토미라이처럼 변모한 영도를 주민들과 함께 보고 싶습니다.

2017년 부산 영도를 찾은 김혜경 여사와 함께

[문] 이재명 대통령의 정치철학에 공감하신다고 했는데, 어떻게 특별한 인연이 있는가요?

▶ 있지요. 이재명 대통령이 성남시장 시절 추진하던 정책을 보며 '진짜 일하는 정치'를 처음 봤습니다. 그때부터 그분의 철학을 부산에서 실천 해보겠다는 마음이 생겼습니다.

2017년 더불어민주당 경선 즈음에는 부산 영도를 찾은 김혜경 여사와 열린 마을공동체에서 간담회를 가진 적도 있고요. 무엇보다 지난 세 번의 대선에서 이재명 후보를 적극적으로 지원하며 부산권 선거조직을 책임진 게 가장 큰 인연입니다. 정치적 선택의 순간마다 망설임이 없었어요. 그만큼 철학이 통했지요. 이재명 대통령이 그렇듯, 저 역시 현안을 보며 바로 행동하는 스타일입니다.

끝.

별일 없어도 읽습니다

노충덕 지음
312쪽 | 18,000원

걷다 느끼다 쓰다

이해사 지음
364쪽 | 15,000원

내 글도 책이 될까요?

이해사 지음
320쪽 | 15,000원
(2021 우수출판콘텐츠 선정작)

누구나 쉽게 작가가
될 수 있다

신성권 지음
284쪽 | 15,000원

독한 시간

최보기 지음
248쪽 | 13,800원

배움은 어떻게 내것이 되는가

박성일 지음
212쪽 | 16,000원
(2021 텍스트형 전자책 · 오디오북
제작 지원 선정)

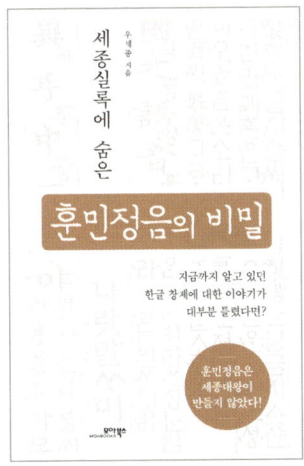

세종실록에 숨은
훈민정음의 비밀

우세종 지음
268쪽 | 19,800원

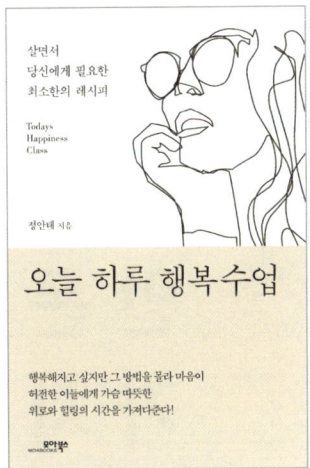

오늘 하루 행복수업

정안태 지음
208쪽 | 18,000원

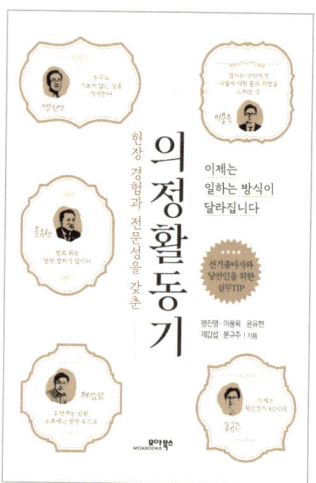

의정활동기

맹진영 · 이용욱 · 윤유현 · 제갑섭 ·
문규주 지음
292쪽 | 20,000원

지속 가능한 정책

박진우 지음
344쪽 | 23,000원

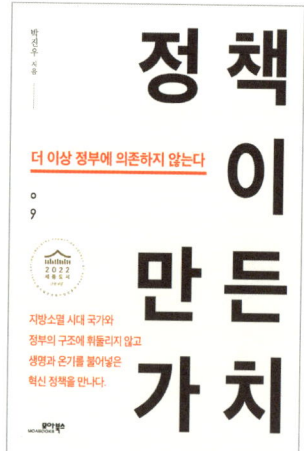

정책이 만든 가치

박진우 지음
320쪽 | 22,000원
(2022 세종도서 교양부문 선정)

내 손을 잡아줘

김선우 지음
264쪽 | 20,000원

정부의 예산, 결산 분석과 감시

조일출 지음
264쪽 | 20,000원

미래예보

정호준 지음
280쪽 | 20,000원

노동정책의 배신(양장)

김명수 지음
304쪽 | 22,000원
(2021 텍스트형 전자책 제작 지원 선정)

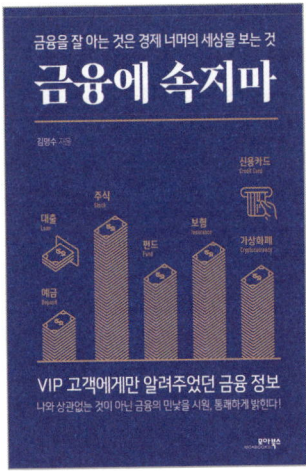

금융에 속지마

김명수 지음
280쪽 | 17,000원

법에 그런 게 있었어요?

강병철 지음
400쪽 | 15,000원
(2021 텍스트형 전자책 제작 지원 선정)

유죄vs무죄

곽동진 지음
260쪽 | 16,000원
(2021 텍스트형 전자책 제작 지원 선정)

행복한 노후 매뉴얼

정재완 지음
500쪽 | 30,000원
(2022 세종도서 교양부문 선정)

공소시효

강해인 지음
216쪽 | 15,000원
(2019 텍스트형 전자책 제작 지원 선정)

건강하게 살고 싶다면 디톡스

황병태 지음
240쪽 | 20,000원

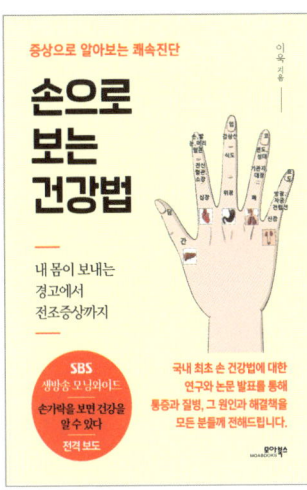

손으로 보는 건강법

이욱 지음
216쪽 | 17,000원

해독요법

박정이 지음
304쪽 | 30,000원

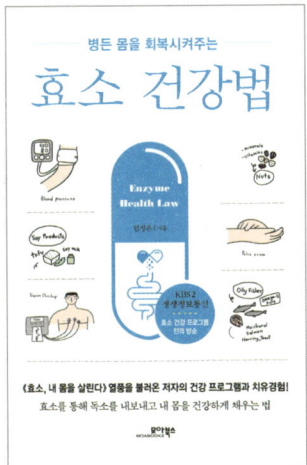

효소건강법(개정판)

임성은 지음
264쪽 | 15,000원

퓨리톤

김광호 지음
224쪽 | 22,000원

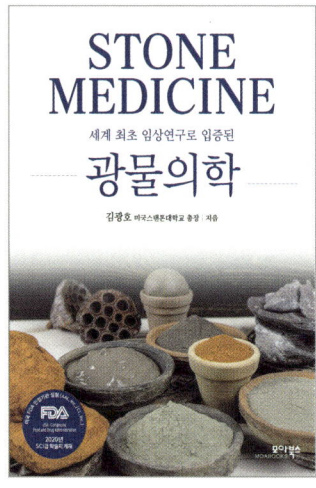

광물의학

김광호 지음
316쪽 | 25,000원

만성질환 정복법

송봉준 지음
240쪽 | 25,000원

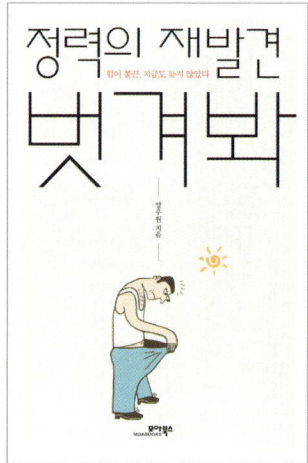

정력의 재발견

양우원 지음
264쪽 | 14,500원

당신이 생각한 마음까지도 담아 내겠습니다!!

책은 특별한 사람만이 쓰고 만들어 내는 것이 아닙니다.
원하는 책은 기획에서 원고 작성, 편집은 물론,
표지 디자인까지 전문가의 손길을 거쳐
완벽하게 만들어 드립니다.
마음 가득 책 한 권 만드는 일이 꿈이었다면
그 꿈에 과감히 도전하십시오!

업무에 필요한 성공적인 비즈니스뿐만 아니라 성공적인 사업을 하기 위한
자기계발, 동기부여, 자서전적인 책까지도 함께 기획하여 만들어 드립니다.
함께 길을 만들어 성공적인 삶을 한 걸음 앞당기십시오!

도서출판 모아북스에서는 책 만드는 일에 대한 고민을 해결해 드립니다!

모아북스에서 책을 만들면 아주 좋은 점이란?

1. 전국 서점과 인터넷 서점을 동시에 직거래하기 때문에 책이 출간되자마자 온라인, 오프라인 상에 책이 동시에 배포되며 수십 년 노하우를 지닌 전문적인 영업마케팅 담당자에 의해 판매부수가 늘고 책이 판매되는 만큼의 저자에게 인세를 지급해 드립니다.

2. 책을 만드는 전문 출판사로 한 권의 책을 만들어도 부끄럽지 않게 최선을 다하며 전국 서점에 베스트셀러, 스테디셀러로 꾸준히 자리하는 책이 많은 출판사로 널리 알려져 있으며, 분야별 전문적인 시스템을 갖추고 있기 때문에 원하는 시간에 원하는 책을 한 치의 오차 없이 만들어 드립니다.

기업홍보용 도서, 개인회고록, 자서전, 정치에세이, 경제 · 경영 · 인문 · 건강도서

모아북스
MOABOOKS

영도가 좋다

초판 1쇄 인쇄 2026년 01월 20일
1쇄 발행 2026년 01월 27일

지은이   박성윤
발행인   이용길
발행처   **모아북스**
           MOABOOKS

관리   양성인
디자인   이룸

출판등록번호 제 10-1857호
등록일자   1999. 11. 15
등록된 곳   경기도 고양시 일산동구 호수로(백석동) 358-25 동문타워 2차 519호
대표 전화   0505-627-9784
팩스   031-902-5236
홈페이지   www.moabooks.com
이메일   moabooks@hanmail.net
ISBN   979-11-5849-287-8 03340